Von Monika Bittl sind bereits folgende Titel erschienen:
Alleinerziehend mit Mann
Muttitasking
Der Brei und das Nichts
Ich hatte mich jünger in Erinnerung
Ich will so bleiben, wie ich war
Ohne meinen Mann wär ich glücklich verheiratet
Frauen lügen nie und werden höchstens 39
Jünger wären mir die Alten lieber

Monika Bittl

Wer uns nicht mag, kann uns gernhaben!

Zwei Freundinnen erfinden sich neu

Besuchen Sie uns im Internet:
www.knaur.de

Aus Verantwortung für die Umwelt hat sich die Verlagsgruppe
Droemer Knaur zu einer nachhaltigen Buchproduktion verpflichtet.
Der bewusste Umgang mit unseren Ressourcen, der Schutz unseres Klimas
und der Natur gehören zu unseren obersten Unternehmenszielen.
Gemeinsam mit unseren Partnern und Lieferanten setzen wir uns für
eine klimaneutrale Buchproduktion ein, die den Erwerb von Klimazertifikaten
zur Kompensation des CO_2-Ausstoßes einschließt.
Weitere Informationen finden Sie unter: www.klimaneutralerverlag.de

Originalausgabe Februar 2023
© 2022 Knaur Verlag
Ein Imprint der Verlagsgruppe
Droemer Knaur GmbH & Co. KG, München
Alle Rechte vorbehalten. Das Werk darf – auch teilweise – nur mit Genehmigung
des Verlags wiedergegeben werden.
Covergestaltung: Isabella Materne
Coverabbildung: Thinkstock Images / Gettyimages.com
Satz: Adobe InDesign im Verlag
Druck und Bindung: GGP Media GmbH, Pößneck
ISBN 978-3-426-79169-1

2 4 5 3 1

Meinen wunderbaren Freundinnen

*Ähnlichkeiten mit lebenden
oder mit mir lebenden Personen
sind rein zufälliger Natur.*

*Ähnlichkeiten mit meinen Freundinnen
sind kein Zufall, sondern ihrer wunderbaren
Einzigartigkeit geschuldet.*

Inhalt

Vorwort 9
Rot-weiß mit Blümchen 15
Da ist was faul! 22
Es steht in den Sternen 28
Die Schule des Lebens lässt sich nicht schwänzen 30
Gelbe Engel 35
Zum Nicht-mehr-Davonlaufen 46
Stimmt immer! 56
Zettelwirtschaft 59
Rezept für eine Unglückssuppe 65
Winterliebe 70
Fürstlicher Betrug 76
Doc statt Disco 96
Ein himmlisches Interview 106
Auf Leben und Tod, online und analog 118
Der Berg ruft 123
Omas Suppenküche 129
Wie verhext! 133
Silber ist Gold 135
Eheringe lügen nicht 138
Ohne Einbruch kein Aufbruch 144
Wir sind doch nicht bescheuert! 149

Fernsprecher 154
Eine Einkaufsliste, ganz einfach 161
Flaschenpost 163
Bike your age 167
Schwere Jungs 170
Let's party 174
Ghostkids 179
Eiche, geölt 188
Generation Gulaschsuppe 191
Du-Sie-Suzi 206
So ein Theater! 209
Schwarze Witwe 223
Bar jeder Vernunft 226
Alle für eine 231

Vorwort

Die überspitzte Kurzfassung meiner Freundschaft mit Suzi geht so: Wenn ich einen Waldspaziergang mache, stapfe ich eine Stunde durch die Natur, sammle ein paar Zapfen, entspanne mich und komme mit ein paar Handyfotos zurück. Wenn meine Freundin Suzi für eine Stunde unter Bäumen wandert, hat sie mindestens ihren Autoschlüssel verloren, versehentlich eine Tollkirsche probiert, ist einem Wildschwein entkommen, hat ihr Handy geschrottet oder eine Leiche entdeckt.

Ich kenne Suzi seit der ersten Klasse und ärgerte mich schon vor dem Lernen der ersten drei Buchstaben darüber, dass sie immer einen Tick schneller, lauter und frecher war als ich. Angekommen beim Z, behauptete Suzi, Suzanna mit Z zu heißen und nicht wie so viele Mädchen schnöde »Susanne«. Das käme von ihrer italienischen Großmutter.

Suzis Mutter bestätigte später zwar, dass die Tochter das Temperament der Oma geerbt hätte – von einem Z im Namen wüsste sie jedoch nichts, und immerhin sei sie höchstpersönlich bei der Entbindung dabei gewesen! Als Beweis suchte die Mutter die Geburtsurkunde, in die bisher niemand geschaut hatte – und das Drama war perfekt: Suzi hieß weder Suzi mit Z noch mit S, sondern Marta! Der Vater des Mädchens hatte auf dem Weg zum Standesamt zahlreiche Kumpels getroffen, die mit ihm auf die Geburt des ersten Kindes so zahlreich und hochprozentig anstießen, dass der Mann den Namenswunsch seiner Frau »Suzanna« gründlich verwechselte. Trotzdem blieb sein Mädchen seither eine Suzi, die jeder so rief. Und weil ohnehin schon nichts mehr stimmte, behielt Suzi auch ihr Z, weil ihr das interessanter vorkam.

Suzi drängelte sich in den Pausen permanent geschickt vor – andererseits half sie mir aber auch, als ich einmal unerlaubterweise das Treppengeländer im Schulhaus herunterrutschte, mir die Knie aufschlug und deshalb ein Verweis drohte. Suzi verstand auf Anhieb, dass meiner Verletzung eine andere Ursache zugeschrieben werden musste, zog mich zur Seite und erklärte dem dazukommenden Lehrer voller Inbrunst: »Die Treppenstufen sind zu glatt geputzt. Da muss es ja zu einem Unfall kommen, sagt meine Mama auch immer.«

Später kamen Suzi und ich uns immer mal mehr oder weniger nahe. Nach der Schule trafen wir uns in der Stadt, in der wir beide studierten, und gingen zusammen auf Demos, schwimmen oder in Kneipen. Wir reisten zusammen nach Griechenland, verloren uns aus den Augen, begegneten uns wieder auf Klassentreffen, über gemeinsame Bekannte oder bei einem Konzert.

Und nun ist sie da. Ganz die Alte, aber doch auch älter geworden.

Wir trafen uns wieder bei der ersten Vernissage der gemeinsamen Freundin Kikki, die im zarten Alter von sechzig auf die Idee kam, ihre Erfüllung in der Malerei zu suchen. Suzi und ich begegneten uns just an dem Abend, als sie obdachlos geworden war.

»Und dann gehst du abends auf eine Vernissage?«, fragte ich die alte Freundin.

»Ich lass mir doch von so einem Scheiß nicht einen schönen Abend verderben!«, antwortete Suzi resolut.

Und das Schicksal gab ihr recht.

»He, dann hast du ja richtig viel Platz in der Wohnung«, bemerkte Suzi, als ich ihr erzählte, dass mein Mann für ein geschäftliches Auslandsjahr in Kasachstan oder sonst irgendwo in seinem Bauingenieuruniversum unterwegs sei. Dass meine Kinder Eva und Lukas urplötzlich erwachsen geworden und schneller ausgezogen waren, als sie jemals ihr Zimmer aufgeräumt hatten. Und dass ich gerade dabei sei, diese Ruhe nach den vielen Jahren Familientrubel zu genießen.

Meinen letzten Satz musste Suzi überhört haben, denn sie rief laut: »Wie wunderbar sich das alles fügt, das nenn ich mal Karma! Dann hast du ja Platz, und ich kann bei dir wohnen! Nur vorübergehend natürlich.«

Verdutzt nickte ich, aber das sah Suzi schon gar nicht mehr, denn sie war plötzlich damit beschäftigt, einen spießigen Kerl mit Bierbauch abzuwimmeln, der mich kurz zuvor blöd angemacht hatte. Er hatte mir Erdbeeren vom Happenteller gebracht und geraunt: »Du bist so süß wie diese Beeren, die übrigens die Lust steigern. Bitte nimm dir, viel, viel!«

Suzi sah ihn bitterböse lächelnd an und meinte: »Männer wie du sind wie Erdbeeren. Schnell zu vernaschen, aber nach drei Tagen faulig. Da lehnen wir dankend ab, denn wir wollen uns ja keine Krankheit holen!«

Am nächsten Tag stand Suzi mit Koffern vor der Tür. Nicht nur sie, sondern auch Voss aus dem Erdgeschoss, um den ich bisher einen großen Bogen gemacht hatte. Also vor allem mein Mann, weil er den Typen, der sich aus seiner Sicht unablässig aufdrängte. nicht ausstehen konnte. Aber zu Voss kommen wir später noch.

Suzi wäre nicht Suzi, wenn der Grund ihrer Wohnungssuche ein schnödes Beziehungsproblem, Mietrückstände, Gentrifizierung eines Großstadtviertels oder ein Jobwechsel gewesen wäre – ihr

Vermieter hatte bei dem Versuch, Gasleitungen auf eigene Faust zu reparieren, das halbe Haus abgefackelt. Niemand kam zu Schaden – aber aus Sicherheitsgründen durfte dort keiner mehr wohnen bleiben, und alle Mieter standen plötzlich von einem Tag auf die andere Nacht auf der Straße. Eine Unterbringung in einem Hotel auf seine Kosten verweigerte der Vermieter, und eine solch naheliegende Lösung wäre auch ganz deutlich unter Suzis Potenzial als Dramaqueen wider Willen gewesen – oder mit Willen? Das muss ich noch herausfinden.

Denn mit dem Einzug der restlichen Sachen von Suzi – wen wundert's? – fing es schon an: Die Umzugsfirma verkleidete wie vorgeschrieben den Lift innen und legte damit offenbar die Elektronik lahm. Aber nicht sofort, sondern erst, als Suzi mit Volker Voss aus dem Erdgeschoss, der ihr spontan beim Kistenschleppen helfen wollte, eingestiegen war. So steckten beide über drei Stunden in dem kleinen Raum fest. Denn der Kerl vom Aufzugsnotdienst blieb auf der Anreise selbst stecken, in einem von ihm verursachten Unfallstau, was Suzi im Stakkato der Notfallsprechanlage erfuhr. Bei jedem anderen hätte ich mich an die Stirn gegriffen und gestöhnt: »Das darf doch nicht wahr sein!« Bei Suzi wundert mich so etwas nicht. Sie zieht solche Situationen förmlich an.

Und der Liftgefährte Volker ist nun gefühlt auch gleich noch bei uns eingezogen – er kommt andauernd rauf. Offenbar hat er Gefallen an Suzi gefunden, auch wenn sie ihn meist hinauskomplimentiert: »Hör mal, geh zu deiner Frau und den Kindern, die brauchen dich, häng hier nicht rum. Weißt du eigentlich, was es heißt, ein Kleinkind ins Bett zu kriegen? Nein! Also! Runter mit dir!« In schöner Regelmäßigkeit vergisst das der stark tätowierte Sozialpädagoge und auch Betreuer schwer erziehbarer Jugendlicher Volker aber offenbar wieder, lässt sich von Suzi ein Glas Wein aus der mitgebrachten Flasche einschenken und behauptet, seine Frau sei froh darum, wenn er bei uns »aufgehoben« sei und er sich nicht in ihre »inneren Angelegenheiten« wie Kindererziehung einmische. Ich vermute stark, das ist die typische Kleinkindflucht der Männer, sogar eines Sozpäds, und versuche in alldem meine innere Balance zwischen »Endlich wieder Leben in der Bude« und »Das Theater wird mir jetzt echt zu viel« zu finden.

Suzi ist klein, rundlich, schwarzhaarig und arbeitet seit zwanzig Jahren in einem Architekturbüro. Nach der Schule schrieb sie sich für Romanistik ein, machte einen Italienisch-Sprachkurs in Ravenna – und kam schwanger von einem sizilianischen Kerl zurück, dem sie tatsächlich Namen und Anschrift geglaubt hatte. Der charmanteste Mann der Welt war dann allerdings nie wieder auffindbar, Suzi hatte einen Abgang, bekam durch irgendeinen Fehler der Zentralen Studienplatzvergabe einen Medizinstudienplatz, brach die akademische Laufbahn nach dem Sezieren ihrer ersten Leiche ab und wurde erneut schwanger – dieses Mal aber von einem Mann, der auf die Barrikaden ging, weil sie ihn nicht sofort heiraten wollte. Aber Suzi ist nicht blöd – den gleichen Fehler macht sie nicht zweimal, wie sie sagt, sondern nun einen anderen. Und so zog sie ihre Tochter Cindy mit diversen Übersetzerjobs alleine auf, »zu anständig«, wie sie meint, denn Cindy wurde eine »Banktussi« und heiratete in den Augen ihrer Mutter »spießig« nach Rostock.

Suzi bezog eins der alten Kinderzimmer. Wir teilen uns das Badezimmer, den Kühlschrank und immer häufiger auch das Karma, wenn wir im Park mit Voodoozauber Männer verwünschen, die Anzeige auf der Personenwage für vom russischen Geheimdienst manipuliert halten oder eine ganze Nacht in Kneipen durchmachen, so als seien wir noch achtzehn, und dafür drei

Tage lang büßen. Mein Leben hat jedenfalls einen neuen »Drive« bekommen, um das mal so zu nennen. Denn Suzi ist nicht nur extrem unternehmungslustig und zieht dabei das Chaos an, auf sie trifft auch der alte Spruch zu: »Gute Freundinnen sind nicht dazu da, dich zu beruhigen, sondern um sich zusammen aufzuregen.« Und schon ist das nächste Mikroabenteuer perfekt ...

Rot-weiß mit Blümchen

»Schau mal!«
Suzi kommt von der Arbeit und hält mir nicht wie neulich schelmisch einen Sixpack Bier zum »Männerködern«, sondern ohne Absichtserklärungen einen Sechserpack rot-weiß karierte Geschirrtücher mit Blümchen unter die Nase. »Stark saugend, 29 Euro.«
»Schön«, kommentiere ich etwas verblüfft Suzis Einkauf nach Feierabend. Seit wann präsentiert sie Haushaltsutensilien so aufmerksam? Aber wer weiß, vielleicht denkt Suzi schon an die Ausstattung ihrer neuen Küche, wenn sie endlich wieder in ihre Wohnung zurückkann. Also meine Wahl wären diese rot-weißen Tücher ja nicht, und sie würden auch nicht zum minimalistischen Stil unserer im blauen Farbton gehaltenen Küche passen. Andererseits haben die Dinger fast einen kitschigen Retrocharme, und was geht es mich an, wie Suzi ihre neue Küche gestalten will?

Suzi reißt die Packung auf, hängt mit mürrischem Gesicht zwei Geschirrtücher an die Haken neben unserer Spüle und fischt ein paar alte Exemplare mit Löchern und Flecken aus dem Küchenschrank, um sie in den Müll zu befördern. Dabei sieht sie mich nicht einmal an.

»Was ist los, Suzi?«, frage ich, denn so ein fanatisches Interesse an banalen Haushaltsutensilien ist ihr so wesensfremd wie mir die Begeisterung für Ferrari-Motoren. Ihr scheint mehr als nur eine Laus über die Leber gelaufen zu sein.

»Ist was, Suzi?«, frage ich noch einmal, nachdem sie wortlos nun auch prüfend die Weingläser meiner Tante Hedwig in die

Hand nimmt. Hat sie auch neue Gläser gekauft? Hilfe! Will sie die Erbstücke meiner Lieblingstante entsorgen?
»Nein. Nichts, gar nichts ist!«
Um Gottes willen! Ich kenne diesen Satz ja von meinem Mann Alex und vom Hörensagen auch von anderen Männern, wenn sie außer sich vor Wut, schwer verletzt oder gnadenlos beleidigt sind. Aber eine Frau, noch dazu eine Freundin, kann doch gar nicht so emotional verkrüppelt und ausdrucksbehindert sein! Noch dazu Suzi, aus der sonst alles sofort herausplatzt. Dazu dieser alles und nichts sagende Blick. Alarmstufe Rot!
»Komm schon, was ist passiert?«, frage ich nach.
»Dieses Arschloch!«, bricht es aus Suzi heraus, und sie wendet den Blick von Tante Hedwigs Erbstücken ab.
»Wer?«, frage ich nach. Meint sie den Vater ihrer Tochter, von dem ich dieses verbale »Etikett«, seit ich denken kann, kenne.
»Jürgen!«
Ihre Augen füllen sich mit Tränen. Ich nehme sie kurz entschlossen in den Arm.
Jürgen ist Suzis Chef und nach meinem Informationsstand eigentlich ein netter Kerl, der das Architekturbüro, in dem Suzi das pulsierende Geschäftsherz ist oder »Fräulein für alles« – wie sie selbst scherzend sagt –, fast freundschaftlich leitet.
Suzi schleudert die restlichen noch nicht ausgepackten vier Geschirrtücher auf den Boden: »So ein Arschloch! Der sortiert mich einfach so aus wie alten Stoff!«
»Wie? Der kann dir doch nicht so einfach kündigen?«, frage ich.
»Die Pfeiffer ist schuld!«
»Wer oder was ist die Pfeiffer?«
»Ein noch größeres Arschloch!«
Suzi presst wütend die Lippen aufeinander, schnaubt durch die Nase und lässt sich schließlich auf den Küchenstuhl fallen.

Ein paar Äußerungen später, die ich aus Gründen des Jugendschutzes hier nicht wiedergeben kann, ist der erste Dampf abgelassen, und Suzi kann wieder zusammenhängend erzählen und Hintergründe erläutern. Ich erfahre, dass die fünfundzwanzigjährige Pfeiffer eine neue Kollegin ist, die festgestellt hat, dass Suzi ihre Arbeit ohne Qualifikation für Buchhaltung, Rechnungswesen oder steuerrechtliche Anforderung gar nicht verrichten dürfte. Und der Jürgen höre blind auf die, vermutlich hätte er mit ihr ein Verhältnis, nur so könne sie sich erklären, dass ihr Chef sie vor die Wahl gestellt habe, entweder diesen Abschluss nachzuholen oder nur noch zum fast halben Salär ihre Arbeit weiter zu verrichten. Dabei macht sie seit zwanzig Jahren diesen Job zur Freude aller Mitarbeiter, Kunden und sogar Behörden.

»Aber das ist doch absurd!«, wende ich ein.

»Genau!«, ruft Suzi empört. »Nur weil diese blöde Kuh ihm eingeredet hat, bei öffentlichen Ausschreibungen könnte das mal kontrolliert werden! Die will mich nur loswerden.«

Suzi steht auf und hebt die Packung, die sie zuvor auf den Boden geschleudert hat, wieder auf. Irgendwie hilflos. So kenne ich Suzi überhaupt nicht.

»Also, jetzt mal langsam«, erkläre ich. »Du bist eine gestandene Frau, die sich doch nicht von so was ins Bockshorn jagen lässt. Kannst du diese Qualifikation nicht nachholen?«

»Ich? Jetzt?«

»Ja, warum denn nicht?«

»Für nichts und wieder nichts kurz vor der Rente wieder in die Schule gehen!?«

»Geht vielleicht auch alles online und digital«, versuche ich zu trösten. »Und kurz vor der Rente stehen wir auch noch nicht. Da liegt schon noch einiges vor uns.«

Suzi sieht mich fest an, schaut aber durch mich hindurch und lässt ihr Hirn offenbar auf Hochtouren arbeiten. Plötzlich springt sie energiegeladen auf.

»Du sagst es!« Ihre Augen funkeln »Ich weiß zwar noch nicht, wie, aber denen werde ich es allen noch zeigen!«

Ja! So gefällt mir die Freundin wieder.

Suzi reißt die neuen Geschirrtücher wieder vom Haken mit den Worten: »Du hast schon recht mit deinen vielsagenden Blicken, die passen hier gar nicht rein, die schenk ich der Pfeiffer. Das wird sie ärgern, wenn ich auch noch nett zu ihr bin.«

Damit verschwindet Suzi in ihrem Zimmer, taucht kurze Zeit später in Sportklamotten wieder auf, geht laufen mit der Bemerkung »Das hab ich seit sieben Jahren nicht mehr gemacht!« und taucht nicht einmal zum Abendessen mehr in der Küche auf, obwohl ich ihr ihre Lieblingspasta in Aussicht gestellt hatte. Nur als sie es später an der Wohnungstüre klingeln hört, ruft sie mir zu: »Ich hab zu tun, sag dem Voss, er ist auch nur so ein wichtigtuerischer Mann!«

Etwas diplomatischer erkläre ich Volker, dass Suzi heute leider ihre Verabredung nicht einhalten könne, da sie unpässlich sei, und der Hausbewohner macht sich leicht beleidigt und mit der Bemerkung »Wenn es mal wieder eine Audienz gibt, soll sie es mich wissen lassen!« mit seiner Weinflasche wieder auf den Weg zurück.

Ich bin baff. Suzi hat offenbar schon wieder ein Ziel vor Augen und verfolgt es entschlossen. Kann man eine Freundin wirklich so einfach trösten? Wenn sie Alex wäre, dann würde mir jetzt eine Nacht mit politischen Diskussionen bevorstehen, also darüber, was der Kapitalismus anrichtet und weshalb er ein ganz mieses Opfer dieses systemischen Hamsterrades sei, ehe er am nächsten Morgen geknickt in die Arbeit ginge und in seinen Arbeitspausen »Demütigungen fieser Chefs« zum WhatsApp-

Thema zwischen den Kindern und mir machen würde und sich selbst mindestens noch 1394 Jahre leidtäte.

Als ich am nächsten Morgen die Küche betrete, hat Suzi schon Semmeln gekauft, ein üppiges Frühstück mit frisch gepresstem Orangensaft, Rührei und französischem Kakao zubereitet. Sie ist schick gekleidet, duftet nach »Das Leben ist schön«, begrüßt mich lächelnd und fragt aufmerksam nach, ob ich Nutella vermissen würde, denn das sei leider ausgegangen. Schlaftrunken komme ich nur zu einer kurzen kopfschüttelnden Verneinung, ehe Suzi energiegeladen ausführt, sie wolle nicht stressen, aber leider müsse sie gleich weg, denn sie habe heute noch verdammt viel vor.

»Geht es dir wirklich so gut?«, frage ich nach.

»Und ob! Was meinst du, was ich letzte Nacht noch alles in Erfahrung bringen konnte! Aber das kann ich dir nicht so zwischendurch erzählen.«

Will sie mich auf die Folter spannen mit den Plänen, die sie ausgeheckt hat, ganz im Stil einer Dramaqueen, die über Befindlichkeiten, Erlebnisse und Vorhaben nicht mal einfach so berichten kann, sondern ihre Erzählung davon regelrecht inszeniert?

Abends finde ich mich mit ihr unversehens beim Joggen im nächsten Park wieder. Nach einem: »Komm, stell dich nicht so an! Ich hab den Muskelkater des Jahrhunderts und stell mich auch nicht so an. Wann, wenn nicht jetzt, wollen wir endlich unseren Arsch hochkriegen?«

Ich schnaufe mir nach gefühlten 74 Jahren Sportabstinenz die Seele aus der Brust und muss mir eingestehen, dass mein Standardsatz »Laufen geht brutal auf die Gelenke« wohl schon ziemlich lange eine faule Ausrede war, um mein Couchpotato-Dasein vor mir selbst schönzureden.

»Ich kann nicht mehr!« Damit lasse ich mich auf die nächste Parkbank fallen. Suzi scheint ganz froh darüber zu sein. »Ich auch nicht mehr! Wir müssen uns langsam hochtrainieren.« Wie zwei Frauen kurz vor der Rente starren wir auf vorbeiziehende junge Kerle im Speedrunning-Modus und schließlich auf die Enten im See vor uns, ehe wir wieder genug Puste haben, um überhaupt sprechen zu können.

»Ich will gar nicht lange rumlabern, sondern komme jetzt gleich auf den entscheidenden Punkt, der dich wahrscheinlich am meisten interessiert.«

Suzi grinst mich schelmisch an.

Einen Monat später hat sie all das in die Tat umgesetzt, was sie auf der Parkbank angekündigt hat. Sie besucht nun einen Fortbildungskurs einer IHK-Akademie, um ihre Qualifikation nachzuholen, lernt so richtig intensiv aber nur für Fächer wie Buchhaltung, die ihr »hinterher« auch etwas bringen. »Hinterher« heißt: wenn sie nun endlich ihre Leidenschaft lebt, nachdem sie alles auf brauchbare Füße gestellt hat. Suzi befasst sich nebenbei gerade damit, wie man einen Businessplan für die Bank macht. Sie sieht sich schon mal Ladenlokale an, um Angebote besser einschätzen zu können, wenn die Suche dann konkret wird. Sie konzipiert schon mal eine Website, die dann einer von Volkers »schweren Jungs«, der sich dank dessen Einsatz nach dem Jugendknast mittlerweile zum Webdesigner ausbilden lässt, umsetzen soll. Und sie wird gerade Expertin für schräge Gartenzwerge und vor allem Suppen. Denn sie will eine »Suppenküche aus Omas Garten« oder so ähnlich eröffnen. Der sichere Arbeitsplatz im expandierenden Architekturbüro könne ihr gestohlen bleiben, denn sie hätte in ihrer Restlaufzeit keine Sekunde mehr an schwanzgesteuerte Chefs, blödsinnige Rechtfertigungen ihrer unkonventionellen Erfolge oder idiotische Jungziegen zu vergeuden. Jetzt müsse sie nur noch kurz den Atem anhalten, bis alles unter Dach und Fach sei, denn sie sei schließlich keine achtzehn mehr, wo man alles kopflos über den Zaun breche.

Irgendwann bei den weiteren Feinplanungen, die Suzi mit Volker bei einem Glas Wein bespricht (das Anschleppen von schweren Blumentrögen soll zu einem lukrativen Zusatzverdienst für dessen »Klientel« – wie Volker das selbst nennt – und dazu noch pädagogisch wertvoll werden), klingelt es an der Tür, und ich habe das zweifelhafte Vergnügen, einer gewissen Frau Pfeiffer gegenüberzustehen, die einen Pack rot-weißer Geschirrtücher mit Blümchenmuster theatralisch vor mir auf den Boden wirft. »Die kann Suzi für sich behalten, ebenso wie ihre sonstigen Gemeinheiten!«

Ich sehe der Pfeiffer irritiert nach, während sie wutschnaubend das Treppenhaus herunterstöckelt. Suzi hat über die offene Küchentür – kurzzeitig schweigend mit Voss – alles mitgehört und kriegt sich jetzt vor Lachen nicht mehr ein.

»Du bist eine Heldin!«, jubelt Volker, »für dich lass ich mir noch ein Tattoo stechen!«

»Jaaa!«, ruft sie. »Haben wir Schampus?« Und sie erklärt dem verblüfften Volker und mir, dass wir nun alle feiern müssten, dass der kleine, aber emotional nicht ganz unwichtige Teil ihres Planes aufgegangen sei: Suzi hat Jürgens Frau auch einen Pack dieser Geschirrtücher geschickt, mit einer Karte dazu: »Also, ich finde es nicht in Ordnung, dass Ihr Mann nur der Frau Pfeiffer so ein nettes Geschenk macht, um sich für ihre Haushalts- und sonstigen Dienste zu bedanken. Deshalb kriegen Sie von mir auch solche Geschirrtücher, wie sie Ihr Mann unserer Kollegin geschenkt hat.« Wie erwartet hatte das Jürgens Frau auf die Fährte gebracht, mal nachzuforschen, wo genau ihr Mann nun seit geraumer Zeit seine immensen Überstunden verbringt.

Da ist was faul!

»Schau mal!« Voller Stolz zeigt Suzi mehrere befüllte Stoffbeutel und hebt sie beim Betreten der Küche hoch.

»Jetzt boostern wir uns mit Vitaminen!« Sie wedelt mit den Taschen herum, um mich neugierig zu machen. Ich schaue von meinem Laptop auf, mit dem ich am Küchentisch sitze.

»Was ist da drin?«

»Gesundes«, erklärt Suzi geheimnisvoll.

»Also, dass du jetzt keine geschmuggelten Kokainbeutel heimbringst, davon bin ich ausgegangen.«

»Unterschätz mich nicht, wer weiß, was ich alles könnte!«, erklärt Suzi, zieht die Jacke aus und legt die Beutel auf den Küchentisch.

»Ach, und wie willst du da rankommen? Also, ich wüsste nicht, wie!«, erkläre ich. »Ich wüsste ja nicht mal mehr, wie ich was zum Kiffen besorgen könnte!«

»Willst du kiffen?«, fragt Suzi etwas entgeistert.

»Nein, natürlich nicht. Aber neulich ist mir mal in den Kopf geschossen, dass ich überhaupt niemanden mehr fragen könnte, ob er was zum Rauchen hätte, falls ich es doch mal wollte.«

Suzi lacht laut auf. »Weißt du, wie man das nennt? ›First world problems‹. Falls ich was haben möchte, was ich eigentlich gar nicht will, kenne ich niemanden, der mir das beschaffen kann!«

Ich muss grinsen. Sie hat ja recht. »Es ist doch nur so – als ich Anfang zwanzig war, da hätte mir jeder dritte Freund was besorgen können … Und heute kenne ich offenbar nur noch Spießer.«

Suzi sieht mich mitleidig an. »Jetzt mach ich uns erst mal einen Cappuccino!« Dazu holt sie den Espressokocher aus dem Küchenschrank und befüllt ihn mit italienischem Kaffee. Sie hält plötzlich inne. »Du meinst also, alle, die so wie wir nicht kiffen, sind Spießer, weil sie sich gesetzeskonform verhalten?«

»So ähnlich wohl«, gestehe ich.

»Das ist kein Spießerproblem, das ist ein Altersproblem«, erklärt Suzi resolut und befüllt nicht nur den Espressokocher, sondern setzt auch Milch für Schaum dazu auf. »Du möchtest noch rebellisch sein wie als junge Frau, auch wenn du längst deinen Weg gefunden hast. Wieso glauben wir immer, noch rebellieren zu müssen?«

»Weil halt …«, stammle ich und halte dann inne. Diese Frage ist mir zwischen einer langen Liste Mails, die ich gerade beantworten wollte, zu viel. Darüber denke ich mal nach, wenn ich in Rente bin oder es mir der Tagesablauf erlaubt, solche Luxusprobleme zu analysieren.

»Und willst du jetzt gar nicht wissen, was ich erbeutet habe?«, fragt Suzi.

Tatsächlich war ich gerade gedanklich so anders beschäftigt, dass diese schönen Stoffbeutel in den Hintergrund gerückt waren. »Natürlich!«

»Acht Kilo Äpfel!«

»Aha!«

»Draus mach ich Bratäpfel oder Saft, ich hab schon mal im Internet geschaut, so eine Saftpresse gibt's in guter Qualität schon um die fünfzig Euro.«

»Aber rentiert sich das? Da musst du schon viel Saft pressen, bis die Ausgaben für die Maschine und das Obst wieder rein sind.«

»Bioäpfel!«

»Bioapfelsaft kostet mittlerweile auch kaum mehr als einen Euro der Liter«, entgegne ich. Die Preise für Apfelsaft hab ich im Blick, weil meine Tochter Eva ihn liebt.

Suzi sieht mich an, als hätte ich sie aus einem schönen Traum geweckt. »Mach doch nicht alles madig!«, erklärt sie mit beleidigtem Unterton und stellt uns den Cappuccino auf den Tisch.

Okay, verstehe. Sie will selbst Saft machen und sich nicht durch so schnöde pekuniäre Überlegungen ausbremsen lassen. Letztlich geht es ihr mehr um die Freude am Tun als um Geldersparnis.

Doch nein, es geht um viel mehr, wird mir plötzlich klar, denn Suzi erklärt: »Das wäre vielleicht was für meinen Laden. Ich könnte da auch Bratäpfel oder selbst gemachte Obstsäfte anbieten.«

»Ah!«, rufe ich. Auf den naheliegendsten Zusammenhang war ich nicht gekommen. »Eine alte Bekannte von mir, die Christiane, macht das auch, sie hat sich ein extrafeines Gerät gekauft … Sie verkauft nämlich auch manchmal auf dem Wochenmarkt. Die haben selbst einen großen Garten mit Apfelbäumen. Vielleicht war sie heute auch da? Die ist auffällig mit ihren roten langen Haaren und bunten Ketten, die sie immer trägt …!«

»Ja! Genau! Bei ihr hab ich die Beutel gekauft!«, ruft Suzi.

»So klein ist die Welt dann doch immer wieder!«, sagen wir beide fast gleichzeitig.

Ich erzähle Suzi von Christiane. Als meine Kinder klein waren, haben wir uns bei einem Yogakurs kennengelernt und scherzten gerne darüber, dass wir nun esoterisch würden – denn Yoga war damals in den Augen von Älteren noch »so komischer Hokuspokus«. Christiane zog irgendwann mit ihrem Mann aus der Stadt hinaus in ein Haus mit Garten, denn der Gatte, ein Arzt, wollte gerne eine Praxis auf dem Land haben – und die gelernte Dekorateurin Christiane war mit ihrem Faible für Architektur begeistert dabei, ein Häuschen zu kaufen und es einzurichten. Nach ihrem Umzug schien sie richtig »angekommen« im Leben, und zu keinem anderen Menschen passt es – im Nachhinein gesehen – so gut wie zu ihr, mit den Hühnern aufzustehen, beim Biobauern-Nachbarn morgens Milch zu holen und die neuesten Pflanzentrends in die Balkonbepflanzung zu integrieren (»Geranien sind wieder in! Stell dir vor, was man alles herausgefunden hat, warum die in Bayern so eine Tradition haben, die passen perfekt zu den kleinen Ökosystemen auf einem Balkon, gut für Insekten und doch Schädlinge abweisend«). Christiane kennt jede Weihnachtstischdeko und würde nie einen konventionellen Christbaum aufstellen, aber versteht es wie keine andere, die ganze Wohnung im Weihnachtszauber erstrahlen zu lassen. Sie ist diejenige, die voller Inbrunst empfiehlt: »Kauf dir eckige Becherl, nicht runde, die kannst du besser im Kühlschrank verstauen«, so als würde es darum gehen, mich im größten Liebeskummer zu trösten.

Kurzum: Sie ist bodenständig, kreativ und pragmatisch. Und sie hat vor allem noch eine wunderbare Eigenschaft: Sosehr sie ihr kinderloses Landleben und ihr Häuschen liebt, so wenig sieht sie sich als Nabel der Welt oder gar als Maßstab, dass andere Leute auch nach dieser Fasson zu leben hätten, dies also der Königsweg zum Glücklichsein wäre. Christiane sagt immer: »Also *für mich* wäre ...« Dieses oder jenes toll. So als hätte sie einen inneren Kompass darauf eingestellt, für sich selbst das Optimale zu finden, aber niemand anderem ihren Weg aufzwingen zu wollen.

Suzi packt die Äpfel aus, legt sie auf den Küchentisch. Unsere Gesichter werden immer länger. Unschön. Die Äpfel. Sie haben alle faule Stellen oder sind verrunzelt.

»Das gibt's ja nicht!«, schreit Suzi schließlich empört auf. »Deine Christiane hat mich total beschissen! Deshalb waren die Äpfel in den schönen Beuteln, damit man nicht sieht, wie schlecht sie sind. Und in den Steigen daneben hat sie 1-a-Ware ausgestellt, um uns zu blenden!«

Das kann nicht sein. Christiane traue ich zwar zu, eine Polizeiwache auf die Inneneinrichtung hin zu inspizieren, zu Weihnachten in ihrem Garten einen größeren Christbaum als in ganz Hamburg oder München aufzustellen, aber sie würde niemals jemanden übers Ohr hauen. Andererseits sprechen die Äpfel eine andere Sprache – so faules Obst frisch vom Markt hab ich noch nie gesehen.

»Das ist Betrug!«, sagt Suzi nur noch. Sie kann sich offenbar nicht mal mehr aufregen.

Da bleibt nur eins übrig: Die Sache muss geklärt werden.

»Da gehen wir jetzt hin und fragen nach!«, erkläre ich.

»Wenn es nicht deine Bekannte wäre, würde ich dort jetzt aufschlagen und sie so was von zur Schnecke machen ...«

»Komm!«, höre ich mich sagen. Wir ziehen uns die Jacken an und gehen mit den Beuteln los.

Als wir zum Markt kommen, stehen noch ein Mann und eine Frau am Stand von Christiane, sichtlich aufgebracht. Schon beim Annähern hören wir »faul« und »Betrug« und »deshalb also so schöne Stoffbeutel!«. Wir sehen sie die faule Ware aus den Taschen ziehen. Christiane nimmt mich nicht wahr, weil sie mit den erregten Kunden beschäftigt ist. Und weil Christiane plötzlich offenbar versteht – sie hält inne und schreit lauf auf: »Mein Nachbar hat mir das untergejubelt, ob ihr das jetzt glaubt oder nicht. Nur um ihm einen Gefallen zu tun, hab ich seine Beutel mitgenommen. Und jetzt bleibt das natürlich an mir hängen. Ich kann mich nur entschuldigen, ihr kriegt das Geld selbstverständlich zurück.« Christiane ist rot angelaufen vor Scham. Das ist ihr alles furchtbar peinlich.

Suzi wirft mir einen seufzenden Blick zu: »Was es alles gibt, du hattest recht.« Die Frau am Stand verstummt, als ihr Christiane das Geld zurückgibt.

Aber der Mann dort tobt weiter. »Das können Sie Ihrer Großmutter erzählen! Sie wollen jetzt ja bloß verhindern, dass ich Sie anzeige! … Du Sau, du!«, ruft der Mann, der ungefähr in unserem Alter ist, und schmeißt ihr seine zwei Beutel entgegen. Christiane kann gerade noch ausweichen, sodass sie nicht am Kopf getroffen wird. Der Mann greift zum Handy.

Suzi steuert mit einem Satz auf den Mann zu, sie ist auf hundertachtzig, aber versucht ganz cool zu wirken. Freundlichst lächelnd sagt sie scharf: »Rufen Sie gerne die Polizei, dann werde ich bezeugen, dass das gerade versuchte gefährliche Körperverletzung war, wenn nicht ein Mordversuch, wie Sie da die Beutel geworfen haben.« Der Mann sieht sie fassungslos an. Die andere Kundin grinst, und Christiane, die nach dem Wurf sichtlich schockiert war, lächelt sie dankbar an.

Der Mann verzieht sich wort- und grußlos. Christiane nimmt nun auch mich wahr. Ich steuere auf sie zu und sage: »Darf ich vorstellen, Christiane, das ist meine Freundin Suzi!«

»Danke!«, sagt Christiane, »Sie haben mich gerettet!«

»Sie?«, Suzi braust scherzhaft auf. »Also wenn wir schon eine gemeinsame Freundin haben, dann plädiere ich dringendst zum ›Du‹. Ich möchte ja auch sagen dürfen ›Du Sau, du!‹ und nicht ›Sie Sau, Sie!‹«, fügt sie lächelnd hinzu.

Wir lachen. Und stellen uns zu Christiane an den Stand, um anderen aufgebrachten Kunden die Geschichte ruhig zu erklären. Alle sind verständnisvoll.

Später trinken wir noch einen Cappuccino im nächsten Café. Suzi, Christiane und ich kommen sofort ins ausgelassene Plaudern über die größten Nebensächlichkeiten der Welt (Männer) und das Wichtigste auf Erden (Faltencremes). Es ist außerdem die Geburtsstunde einer wunderbaren WhatsApp-Gruppe, die wir »Flotter Dreier« taufen.

Es steht in den Sternen

Suzi und ich versichern uns regelmäßig, dass wir nicht an so einen Quatsch wie Horoskope glauben – und lesen sie dann trotzdem immer mal, wie wir einander kichernd gestehen.

»Heute trifft mein Horoskop aber zu hundert Prozent zu!«, meint Suzi an einem Donnerstag.

»Meins auch!«, entgegne ich, denn noch vor dem Frühstück habe ich schnell mal reingeklickt. Irgendwie läuft es mit der Fernbeziehung mit meinem Mann gerade nicht so rund, eine berufliche Entscheidung im Büro steht an, und ich mache mir um beide Kinder gleichzeitig Sorgen, weil sie mit ihrer Ausbildung hadern. »Ich schau immer dann ins Horoskop, wenn es mir nicht ganz so gut geht«, fällt mir gerade auf, und ich erkläre das Suzi.

»Ja, genau!«, erwidert Suzi. »Ist bei mir auch so!«

Wir kommen zu dem Schluss, dass wir gar nicht wissen wollen, was die Zukunft bringt. Wenn es uns im Hier und Heute gut geht, wir also im Moment leben und nicht an die Vergangenheit oder Zukunft denken, sind das eigentlich die glücklichsten Momente – und Horoskope zu lesen ist schon alleine deshalb Quatsch, weil uns das vom Genießen des Augenblicks ablenkt. Woody Allen sagt zwar: »Ich denke viel an die Zukunft, weil es der Ort meines Lebens ist, wo ich den Rest meines Lebens zubringen werde.« Aber gut, der hat als Stadtneurotiker auch leicht reden und so viel Geld, dass er sich keine Sorgen um die Miete oder Rente machen muss. Und er ist ein Säugetiermännchen, wie Suzi meint, und denen ginge es immer mehr um Begattung als um Aufzucht. Denn, so O-Ton Suzi, »die wollen schnellen Sex, und wir haben dann zwanzig Jahre den Salat, wie wir die Kinder groß kriegen, also auch mit allen Sorgen um die Zukunft«. Lesen womöglich deshalb Frauen vor allem Horoskope?

Aber wie auch immer – Freundinnen sollten sich vielleicht öfter gegenseitig von Horoskopen erzählen, um hinterher mehr Aufmerksamkeit für den Augenblick zu bekommen, denn an diesem Donnerstag stellen Suzi und ich Erstaunliches fest.

»Ihr Leben wird sich entscheidend verändern, wenn Sie diese Krise annehmen und überfällige Veränderungen einleiten oder die Gegebenheiten so zu akzeptieren lernen, wie sie sind, und neu bewerten«, heißt es unter meinem Sternzeichen Steinbock.

»Diese Krise wird zu entscheidenden Veränderungen in Ihrem Leben führen, wenn Sie die jetzige Situation verlassen, akzeptieren oder neu bewerten«, heißt es unter Suzis Sternzeichen. Wir gucken zusammen noch in die Horoskope der anderen Sternzeichen – mehr oder weniger der gleiche Inhalt. Wussten wir doch schon immer, dass Horoskope Quatsch sind, doch so deutlich hatten wir die Beliebigkeit ihrer Aussagen noch nie vor Augen. Aber ob uns das davon abhält, beim nächsten miesen Tag dort erneut etwas über die Zukunft erfahren zu wollen? Das steht in den Sternen.

Sicher ist nur: Gute Freundinnen sind wie Sterne – du kannst sie nicht immer sehen, aber sie sind immer da.

Die Schule des Lebens lässt sich nicht schwänzen

Suzi verlässt nach einem gemeinsamen Frühstück die Wohnung, um zu ihrer »Schule« zu gehen, wie sie die Akademie immer nennt. Ich hingegen arbeite heute daheim und mache es mir mit einer Tasse Kaffee an meinem Schreibtisch gemütlich. Um elf Uhr kommt Suzi wieder zurück, und ich wundere mich.

»Ich hatte solche Hitzewallungen, dass ich mich gar nicht mehr konzentrieren konnte, und bin deshalb echt zum Arzt gegangen. Das Klimakterium ist ja längst vorbei«, erzählt sie. »Aber seit Corona weiß man ja nicht mehr, was man sich so eingefangen hat.«

»Ja, und?«, frage ich nach. »Was ist es nun? Warum bist du jetzt nicht in der Schule?«

»Alles harmlos«, erklärt sie. »Der Doc meint, manchmal kommen so Rückfälle im Körper. Er kennt auch Frauen, die plötzlich mit siebzig wieder ihre Tage bekommen haben.«

»Magst du kalt duschen? Hat bei mir tatsächlich immer geholfen«, schlage ich vor.

»Nein, ist schon wieder vorbei, alles in Ordnung«, sagt Suzi und inspiziert den Kühlschrank. Sie schließt die Tür des Kühlgerätes wieder. »Wo ist dieser Flyer des neuen italienischen Lieferdienstes, der neulich im Briefkasten lag?«

»Ich glaube da, in der Küchenschublade.«

Suzi holt ihn heraus und überfliegt ihn. »Ah, Saltimbocca gibt es da auch. Ja, das gönne ich mir heute. Magst du auch was?«

Ich zögere – aber gut, wenn Suzi eh was bestellt, können wir uns die Liefergebühr teilen, falls es nicht ohnehin einen Mindestbestellwert gibt. Vielleicht auch schön, mittags mal wieder nicht nur Kantinenessen oder selbst geschmierte Käsebrote zu sich zu nehmen, sondern so wie früher bei Mama was richtig Leckeres.

Irgendwie hat das Mittagessen bei uns komplett seinen Status verloren. In meiner Kindheit und Jugend war es die zentrale gemeinsame Mahlzeit in der Familie schlechthin. Vor allem natürlich an den Wochenenden. Heute kenne ich niemanden mehr, der oder die zu Mittag groß kochen würde – das Abendessen hat dem Mittagessen den Rang abgelaufen. Falls überhaupt, trifft man sich zum Brunch, beziehungsweise, seit der dann irgendwann auch einen spießigen Ruch bekam, zu einem späten Frühstück. »In-Lokale«, die was auf sich halten, bieten heute Frühstück schon mal bis vier Uhr nachmittags an.

»Ich bin dabei!«, rufe ich, »und Suzi, das ist großartig!«

Jetzt mache ich es mal wie meine Freundin und sage nicht gleich, was ich meine, sondern spanne sie auf die Folter.

»Was meinst du jetzt? Die Saltimbocca?«, fragt sie.

»Die auch, aber viel mehr noch was anderes – für deinen Laden!«

»Also Saltimbocca passt da gar nicht dazu!«

»Klar. Nein, ich meine, du machst eine Trendumkehr. Du zelebrierst wieder ein Mittagessen, wie früher. Das muss irgendwie in dein Konzept rein.«

»Aber das versteht sich doch von selbst, wenn ich nur tagsüber geöffnet habe!«

»Nein, das versteht sich nicht von selbst«, widerspreche ich. »Dazu hab ich zu lange Werbetexte geschrieben. Das musst du als was Besonderes herausstellen. In welcher Form auch immer. Das triggert die Leute, die haben dann das Gefühl, in einem ganz neuen Trend zu liegen. So wie die Mädels jetzt ›Shapeware‹ tragen, was nichts anderes ist als Omas Miederware, so musst du einfach das Mittagessen als Neuerfindung verkaufen.«

»Ah, verstehe!«, grinst Suzi. »Sehr gute Idee! … Aber jetzt schwänze ich erst mal alles, vor allem die Schule. Als mich der Arzt gefragt hat, ob ich ein Attest brauche, ist bei mir ein ganz jugendliches Gefühl der Freude aufgestiegen. Ha, ein Attest! Und ganz ohne die wachenden Blicke der Mama dazu!«

Sie grinst.

»Weißt du noch, wie schön das war, die Schule ganz offiziell zu schwänzen?!«

»Klar!« Ich erinnere mich an meinen ersten Kuss draußen im Park, während die anderen im Klassenzimmer saßen.

Suzi geht in die Stadt, um sich nach Klamotten umzusehen, sie telefoniert mit Freundinnen, besucht ein Nagelstudio, zieht sich irgendeine amerikanische Netflixserie rein und lässt sich auf dem Balkon die Sonne ins Gesicht scheinen.

All das gönne ich ihr natürlich von Herzen. Aber irgendwie grummelt es in mir auch: Wenn sie schon nicht in der Schule ist, kann sie dann nicht wenigstens die Teller vom gemeinsamen Saltimbocca-Essen in die Spülmaschine räumen? Ach! Ich schimpfe mich selbst. Ich werde ja noch schlimmer als meine Mutter, die mit mir in solchen Fällen so verfuhr: »Entweder du bist krank, dann gehst du auch ins Bett – oder du gehst in die Schule. Aber krankgefeiert wird hier nicht!« Nein, ich werde einen Teufel tun und zu einer Spaßbremse werden. Die paar Teller kann irgendjemand auch noch später wegräumen. Jetzt muss ich eh zu einem Termin.

Als ich nach dem geschäftlichen Event am Abend zurückkomme, sind nicht nur die Teller aufgeräumt, sondern die ganze Küche so gründlich wie schon lange nicht mehr geputzt. Suzi liegt gerade noch in den letzten Zügen mit dem Polieren der Spüle. Ich staune.

»Schule schwänzen ist auch nicht mehr das, was es mal war!«, erklärt sie. »Das funktioniert irgendwie nicht mehr, sich selbst auszutricksen und sich einfach vor was zu drücken, von dem man weiß, dass es einen früher oder später einholen wird.«

Suzi wedelt mit dem Putzlappen herum. »Alles, was ich heute in der Schule versäumt habe, muss ich nachlernen!«, seufzt sie.

»Ja, ganz schön blöd, dass wir jetzt erwachsen sind!«, fällt mir ein, und Suzi lacht.

»Sogar so erwachsen, dass wir dann noch die Küche putzen, um den Tag zu retten und unser schlechtes Gewissen zu beruhigen!«, erklärt sie.

»Nur zu! Dagegen habe ich gar nichts, das kannst du gern öfter machen!«, scherze ich.

Suzi wirft mir grinsend den Putzlappen zu. »Nein!«

Sie lächelt geheimnisvoll. »Denn weißt du, eins ist mir eben auch klar geworden: Du hast völlig recht mit der Neuerfindung des Mittagessens. Aber so wie früher gibt es einen Unterschied zwischen Köchen und dem Personal. Unsere Omas hatten, wenn sie nicht bitterarme Arbeiterinnen waren, alle gute Geister und mussten nicht alles alleine machen.. Haus- und Kindermädchen waren ganz normal, oder man hatte eben eine Großfamilie, wo sich die Arbeit geteilt wurde.«

»Schön und gut«, höre ich mich sagen. Auf was will sie hinaus?

»Du meinst, ich soll doch endlich sagen, was ich eigentlich sagen will?«, meint Suzi schelmisch, und ich pruste los vor Lachen.

»Im Laden wird es garantiert eine Putzfrau geben. Und wenn die gut ist, macht sie hier den Job gleich mit, vorausgesetzt, wir wohnen dann noch zusammen!«

Ich wünsche mir gerade nichts mehr, als dass Suzi noch möglichst lange bei mir wohnen bleibt.

Männer sind gut, Sex noch besser – aber die Aussicht darauf, nicht mehr putzen zu müssen, ist das wahre Glück von Frauen um die sechzig.

Gelbe Engel
Eine WhatsApp-Story

Suzi
Wo bist du?

7.05

MB
Auf dem Weg ins Büro, warum?

7.06

Suzi
So früh? Kannst du mir dein Auto leihen?

7.07

MB
Ja, warum? Muss eine wichtige Präsentation vorbereiten.

7.07

Suzi
Die S-Bahn fällt aus. Ich hab eine Prüfung! In der Pampa. Dorfschule.

7.08

MB
Weißt du, wo der Autoschlüssel ...
Moment, den hab ich bei mir.

7.09

Suzi
Bist du nicht mit dem Fahrrad gefahren?
7.10

MB
Doch, aber der Autoschlüssel ist am Schlüsselbund.
7.12

Suzi
Wenn ich nicht pünktlich zur Prüfung erscheine, verlier ich ein halbes Jahr!
7.13

MB
Zählt da ein S-Bahn-Ausfall nicht?
7.13

Suzi
Nein, grad nachgefragt.
7.14

MB
Okay, ich radel noch mal zurück.
7.14

Suzi
Du bist ein Schatz!
7.15

MB
Bin in 5 Minuten da.
7.16

Suzi
Super, du bist spitze!

7.16

MB
Geht gerade noch, muss aber schnell machen wegen der Präsentation.

7.17

Suzi
DANKE!

7.17

Suzi
Stör dich höchst ungern und weiß, dass du nicht telefonieren kannst, aber der Wagen springt nicht an!

7.32

MB
Kann ja nicht sein. Bin grad wieder im Büro angekommen.

7.36

Suzi
Nichts! Da geht nichts!

7.37

MB
Muss Batterie oder Elektronik sein.

7.38

Suzi
Was soll ich jetzt tun?

7.39

MB
Muss jetzt hier weitermachen, die Kunden kommen bald …
Geh zu Voss. Der hat ein Ladekabel.

7.41

Suzi
Was muss ich da tun?

7.41

MB
Voss sagt es dir – hab keine Zeit mehr.

7.42

Suzi
Voss ist nicht da, nicht erreichbar.
Seine Frau mag uns nicht, BTW.

7.44

Suzi
Ja. Und jetzt? Taxi kostet zu viel!

7.46

MB
ADAC! Ich bin da Mitglied. Unterlagen sind in der
Sonnenblende im Klarsichtfach, einfach nach unten klappen,
dann siehst du die Karte.

7.47

Suzi
Okay, ich ruf die Gelben Engel an.

7.49

MB
Läuft aber nur auf mich. Ich müsste dabei sein.

7.50

Suzi
Keine Sorge, das lös ich schon.

7.50

MB
☺

7.50

Suzi
So, Wagen läuft, muss noch kurz warten, dann starte ich los.

8.20

MB
Ging das ohne mich mit dem ADAC?

8.21

Suzi
Klar, ich hab mich einfach als Moni vorgestellt. ☺

8.22

MB
Du bist genial! ☺ ☺ ☺

8.23

MB
Und noch: Alles Gute für die Prüfung!

8.23

Suzi
Danke!

8.24

Suzi
Shit! Ich stehe in der Pampa! Der Wagen ist abgesoffen, und ich krieg ihn nicht mehr an. Musste zum Pinkeln am Waldrand anhalten.

8.45

MB
Darf nicht wahr sein! Aber der ADAC hat doch die Batterie aufgeladen!

8.46

Suzi
Sagte, ich soll 20 Minuten mindestens fahren, bin ich.

8.47

Suzi
In 40 Minuten ist die Prüfung.

8.50

MB
Ruf noch mal den ADAC.

8.50

Suzi
O. k.

8.51

Suzi
Wie schickt man einen Standort?

8.53

MB
WhatsApp, unten das Plus antippen, dann kommt ein Menü, dann Standort antippen.

8.54

Suzi
Finde ich nicht.

8.55

MB
Versuch es noch mal. Wo bist du ungefähr?

8.56

Suzi
Irgendwo bei Hainbuch.

8.57

MB
Dann sag das wenigstens dem ADAC.

8.58

Suzi
Hab ich doch!

8.58

Suzi
Ah! Standort-Karte gefunden!

9.00

Suzi
Grad kam eine SMS. Die brauchen zwischen 10 und 60 Minuten, bis sie kommen.

9.03

MB
Mach Druck!

9.04

Suzi
Hab ich schon, natürlich!

9.04

Suzi
Gibt hier kein Taxi. Hab es anders versucht.

9.05

Suzi
Panne gilt für die Schule auch nicht als Entschuldigung. Zum Kotzen!

9.06

MB
Batterie ist wahrscheinlich zu alt. Ließ sich nicht mehr aufladen. Bringt dir zwar jetzt auch nix, aber ich wollt es erwähnen.

9.07

Suzi
Wann kommen die???

9.12

MB
Keep cool. Versuch es jedenfalls.

9.13

Suzi
Ich trampe jetzt!

9.15

Suzi
Keiner hält an! Für eine Jüngere würden sie das wohl ...
9.25

MB
Blödsinn. Tramper sind eine ausgestorbene Spezies.
9.26

Suzi
Ich hab's! Ich tu so, als ob ich einen Reifen wechseln will und das nicht schaffe. Da pack ich die Typen an der männlichen Ehre.
9.27

MB
Das schaffst du nicht mehr. Und ich muss endlich weitermachen.
9.28

Suzi
Prüfungstermin wegen S-Bahn-Ausfall um 30 Minuten verschoben ...
Reifenwechseltrick hat nicht funktioniert. Hab noch mal beim ADAC angerufen und denen gesagt, dass ich einen Herzinfarkt bekomme, wenn sie nicht kommen, und dann ist das unterlassene Hilfeleistung, und sie sind für mein Ableben verantwortlich!
9.40

MB
Ganz schön frech auf meinen Namen, aber okay!
9.41

Suzi
Der ADAC kommt gerade.

9.42

MB

9.43

Suzi
Sitze im Wagen neben dem ADAC-Typen. Supernett.
Unser Alter, hochattraktiv. Türkischstämmig wahrscheinlich.
Komme damit noch rechtzeitig zur Prüfung. Auto kümmern
wir uns später.

9.54

MB
Super!

9.54

Suzi
Uff! Bin da. In 2 Minuten Prüfung. ☺

9.56

MB
Viel Erfolg!

9.57

Suzi
Prüfung lief gut, Auto hat neue Batterie und fährt wieder.
Feiere das mit Hakan jetzt in der nächsten Kneipe.
Cheers!

12.57

MB
Hakan?

13.15

Suzi
Vom ADAC. Heißer Flirt!

13.17

MB
Viel Erfolg! ;-)

13.17

Suzi
Nein! Will ihn nicht abschleppen. Möchte nur in Übung bleiben, zu einem Mann zu kommen, auch wenn ich gerade gar keinen will! 😉

13.19

Zum Nicht-mehr-Davonlaufen

Samstagnachmittag: Suzi sitzt über ihrem Lernstoff, und ich schwitze über einem Text. Weil wir beide konzentriert arbeiten, ist es ruhig in der Wohnung. Plötzlich steht Suzi an meiner Zimmertür.

»Kommst du mit zum Karlsbacher?«, fragt sie. Der Karlsbacher ist der weltbeste – wenn nicht universumsbeste – Konditor mit einem angeschlossenen Café. Seine Schokotorten sind legendär. Und er liegt nur ein paar Straßenzüge von uns entfernt.

»Ja!«, stimme ich begeistert zu. Was gibt es Schöneres, als jetzt diesem Text zu entkommen.

Wir sehen uns vielsagend in die Augen. Ich weiß genau, was Suzi jetzt denkt, und sie weiß, was ich denke: Dieses Vorhaben ist extrem kontraproduktiv für das angepeilte Wohlfühlgewicht, und unsere Aktion wird sich spätestens bei der nächsten Begegnung mit der Personenwaage rächen. Aber jenseits der fünfzig muss frau nicht mehr alles thematisieren, wenn es schon x-mal durchgekaut wurde und immer zum gleichen Ergebnis führt: Am Anfang steht immer ein »Man sollte«. Und dann schaltet irgendetwas auf »Man darf auch mal« um, das irgendwann zu »Mir doch egal« wird.

Suzi und ich haben uns schon oft gefragt, ob wir wirklich erwachsen geworden sind. Sonst werfen wir doch auch nicht von einer Minute auf die andere unsere Disziplin über Bord. Bei Süßem aber sind wir bisweilen wie kleine Kinder, die an einem Eisstand vorbeikommen und ihrer strengen Mutter drei Kugeln abtrotzen, obwohl es bald Abendessen gibt. »Die Mutter« ist in diesem Fall unser Über-Ich, wie Freud das nannte, also die verinnerlichte Instanz für soziale Normen und Werte wie Gehorsam. Kikki, unsere Psychologenfreundin, erklärte das mal mit einem Zitat von Freud so: »Das Über-Ich ist für uns die Vertretung aller moralischen Beschränkungen, der Anwalt des Strebens nach Vervollkommnung, kurz das, was uns von dem sogenannt Höheren im Menschenleben psychologisch greifbar geworden ist.« Das Über-Ich ist sozusagen die verinnerlichte Gebots- und Verbotsinstanz. Also die Stimme in uns, die sagt: »Du kannst doch keine Schokotorte essen, wenn du abnehmen willst.« Diese Stimme sagt auch: »Eigentlich solltest du jetzt weiter am Text arbeiten.« Und sie zischt: »Mit deiner mangelnden Disziplin bist du auch den Kindern ein schlechtes Vorbild!« Auch wenn die Kinder längst erwachsen sind. Kurzum: Das Über-Ich ist auch das schlechte Gewissen. Aber diese Stimmen ignorieren Suzi und ich heute einfach – genau das sagen uns unsere Blicke.

Gesagt, getan, wir ziehen los.

»Ist dir mal was aufgefallen?«, fragt Suzi auf dem Weg zum Karlsbacher.

Will sie jetzt doch unser unvernünftiges Vorhaben thematisieren? Verderben wir uns damit nicht schon im Vorfeld den ganzen Genuss? Das schlechte Gewissen kann ich doch hinterher noch bekommen, aber doch nicht schon vorher!

»Also, mir ist schon ziemlich viel mal im Leben aufgefallen«, erwidere ich. »Aber was soll ich jetzt genau bemerkt haben?«

»Wir gehen nur«, brummt Suzi.

»Wie meinst du das? Im Sinne von: Wir fahren nicht Auto, oder wir gehen dem Tod entgegen, oder was? Mensch, Suzi, werd mal konkreter!«

»Wir gehen nur«, wiederholt Suzi nicht besonders gut gelaunt. »Wir laufen nicht mehr.«

»Meinst du, dass wir in unserem Alter etwas langsamer gehen? Ja, das merke ich auch allmählich, und es nervt mich. Ich bin nicht mehr so schnell wie früher.«

»Nein!« Suzi scheint sich still vor sich hin zu ärgern. Ein junger Typ spurtet an uns vorbei, telefoniert dabei noch und hüpft schließlich auf einen dieser neuen E-Roller.

»Schau, der fährt«, erkläre ich dazu. »Der geht nicht mal mehr!«

»Nein, ich meine ganz einfach, wir gehen nicht mehr laufen!«, sagt Suzi und zieht mich mit sich zum Karlsbacher weiter.

»Ah, ja, stimmt.« Ich hatte es auch schon bemerkt, dass Suzi nach ihrer ersten sportlichen Aufbruchsstimmung gar nicht mehr zum Joggen unterwegs war, geschweige denn mich mit ihrer Sportlaune mitriss. Das hatte ich wohl verdrängt, denn so konnte ich mich auch vor allem drücken. Als ob ich nicht erwachsen und selbst für meinen Körper verantwortlich wäre, hatte ich das Thema Joggen innerlich auf Suzi abgeschoben – die wird schon wieder was sagen und mich mitnehmen. Bis dahin halte ich mal still. Muss ja nicht unbedingt sein, wenn Suzi das auch nicht macht. Selbstverständlich: schön blöd, den Zuständigkeitsbereich für Bewegung, Gewicht und Aussehen auf die Freundin zu verschieben. Sozusagen den inneren Schweinehund an sie zu delegieren. Entlastet kurzfristig von einem schlechten Gewissen, bringt aber unter dem Strich nicht mal null, sondern eher Minus, denn das Über-Ich meldet sich doch irgendwann.

»Du hast recht!«, sage ich, als wir vor dem Karlsbacher stehen. »Wir sollten umkehren und uns besser daheim einen Tee kochen und einen Joghurt essen!«

»Nein!«, sagt Suzi. »Das ist der falsche Weg, sich an einem Samstagnachmittag vom schlechten Gewissen überfallen zu lassen. Wir brauchen einen Plan. Und den hecken wir jetzt aus. Bei

Schokotorte vom Karlsbacher samt italienischem Kaffee.« Sagt sie, öffnet die Tür, scherzt mit dem Typen hinter der Theke, sichert uns einen Fensterplatz, bestellt Schokotorte und Kaffee für uns und kriegt wieder ein Funkeln in die Augen, als sie den ersten Bissen aufgabelt.

»Ich mach jetzt einen Trainingsplan, denn so ohne Plan, nur so eruptiv, geht das alles nicht. Wir sind nicht mehr siebzehn, wo man dieses oder jenes einfach nur so macht.«

Ich widerspreche, dass dies mit dem Alter nichts zu tun habe, gebe aber klein bei, als mich Suzi daran erinnert, dass ich früher auch einfach spontan mal morgens um sechs nach einer durchzechten Nacht zum Joggen aufgebrochen wäre, damals, daran könne sie sich noch gut erinnern, irgendwann vor hundertfünfzig Jahren. Während sie tot im Bett lag, hätte ich damals gefragt: »Lady, kriegst du deinen Arsch auch noch hoch?«, sie hätte nur abgewunken, und ich sei in einer Trainingshose, wie das damals noch hieß und die man niemals so auf der Straße getragen hätte wie heute einen Jogginganzug, zum Laufen aufgebrochen.

Ui, was sie noch alles weiß! Ich hatte keine Ahnung mehr. Wie gut, Freundinnen zu haben, die einen auch an die guten Seiten von sich selbst erinnern können!

Suzi isst mit Genuss die Schokotorte, zieht einen Zettel aus der Handtasche und sagt, dass sie jetzt einen Plan entwirft, an den sie sich diszipliniert halten wird, denn so ginge das nicht mehr weiter, vor lauter Büffeleien für die Prüfung den Körper so zu vernachlässigen. Mal einfach zum Sport aufbrechen könne jeder – aber dabeibleiben, langfristig, das sei die Kunst! Und wenn wir den Plan einhielten, könnten wir außerdem jeden Samstag ganz ohne schlechtes Gewissen hierher zum Karlsbacher kommen und eine Schokotorte genießen, denn dann hätten wir uns die auch richtig verdient! Das sei doch eine schöne Aussicht!

»Ja«, erkläre ich zustimmend. »Belohnungen sind immer ein guter Ansporn.«

»Eben!«, bestätigt Suzi. »Und weil wir jetzt so weit sind, einen Plan zu machen, dürfen wir uns auch belohnen. Ich bestell noch einen Himbeerkuchen. Magst du auch einen?«

Ich lache laut auf.

Wenn jemand es beherrscht, ein schlechtes Gewissen, also ein Über-Ich, auszuschalten, dann ist es Suzi. Ihre Ausreden sind so hochkreativ, dass sie damit einen Nobelpreis der Fantasie verdient hätte, falls es ihn geben würde. Meiner Ansicht nach müsste der Nobelpreis nicht nur bedeutenden Naturwissenschaftlern, Literaten und Friedenshelden verliehen werden, sondern es müsste auch die Kategorie »Alltagshelden« wie für Suzi eingeführt werden.

Am nächsten Tag, am Sonntag, legt mir Suzi beim Frühstück ihre Liste vor, die wir am Tag zuvor im Karlsbacher noch besprochen hatten. Also das Trainingsprogramm.

»Damit wir uns nicht länger drücken können, müssen wir morgen gleich anfangen.«

Ich nicke.

»Am besten morgens.«

Ich nicke.

»Und ohne Ausreden, dass etwas im Büro eilt oder die Kinder gerade einen Notstand haben.«

Ich nicke.

»Denn das ist immer. Immer ist irgendwas.«

Ich nicke.

»Wir starten um halb acht.«

»So früh?« Da nicke ich nicht.

»Okay, acht Uhr geht auch.«

»Halb neun Uhr?«

»Du fängst jetzt schon an, dich zu drücken. Willst du das jetzt durchziehen oder nicht? Je später wir starten, desto unrealistischer ist es, dass wir das langfristig in unseren Alltag integrieren. Und genau darauf kommt es doch an.«

Ich seufze und nicke. Sie hat ja recht.

»Also ab morgen, wir fangen mit fünf Kilometern an, schau mal, ich habe die Route herausgesucht, durch den Park.« Suzi hält mir den Routenplan ihres Handys unter die Nase.

»Fünf Kilometer? Das ist völlig unrealistisch, Suzi! Das schaffe ich nie!«

»Ach was, wer nicht groß träumt, bleibt ewig klein.«

»Da macht mein Körper nicht mit!«

»Was meinst du, was dein Körper alles kann? Die neueste Hirnforschung zeigt auch, wie wir uns mit unserem Denken selbst begrenzen und einengen, in der falschen Annahme, was wir vermeintlich alles nicht können.«

»Da kann ich so positiv denken, wie ich will, wenn ich einfach die Muskeln und die Kondition nicht habe.«

»Gut, dann starten wir mit drei Kilometern!«

Das scheint mir angemessen, um nicht wieder so einen Jahrhundertmuskelkater zu bekommen wie nach Suzis erstem Jogginganfall. Ich nicke.

»Aber wir machen es. Und zwar konsequent. Sonst können wir das mit der Schokotorte in Zukunft in der Pfeife rauchen.«

Ich nicke.

Am nächsten Morgen starten wir beide in Laufklamotten wie verabredet. Wir schwächeln natürlich, und ich tue mir selbst unendlich leid, weil ich so alt geworden bin und nicht mehr die jugendliche Kraft zum Sporteln habe.

Suzi muss nach zwei Kilometern pausieren, lässt sich auf einer Bank nieder und stöhnt: »›Poor me‹, sagen die Engländer. Ich tue mir selbst furchtbar leid, weil ich nicht mehr die jugendliche Kraft zum Sporteln haben.«

Ich bekomme einen Lachanfall.

»Los!«, fordere ich sie auf. »Da müssen wir jetzt durch.«

»Klar, aufgeben ist keine Option!«

Keine hundert Meter später schreit Suzi auf und bleibt stehen, sie setzt sich auf den Boden. Das ist kein »Schwächeln«, das ist etwas anderes.

»Was ist?«

»Die Wade. Das tut total weh!«

»Soll ich einen Arzt rufen?«

»Nein. Warte. Ob ich aufstehen kann.«

Suzi richtet sich auf, steht auf. Sie stöhnt wieder. Sie versucht einen Schritt zu gehen. Das geht, aber nur mit Schmerzen. An Laufen ist nicht zu denken, so wie sie jetzt wirkt.

»Kann das ein Sehnenriss sein?«, fragt sie.

»Hm, nein, glaube ich nicht, hatte mein Mann mal an der Hand. Da kannst du gar nichts mehr bewegen.«

»Ist auch egal, was das ist. Aber ich bin froh, wenn ich den Heimweg jetzt noch schaffe.«

Suzi humpelt langsam, ich gehe neben ihr her und frage mehrmals nach, ob ich sie stützen soll. Muss ich nicht. Aber schließlich sind wir erst nach dreißig Minuten daheim, obwohl wir für diese Strecke nur einige Minuten eingeplant hatten. Ich werde zu spät ins Büro kommen und Suzi zu spät in die Schule. Aber was will man oder vielmehr frau machen? Unfälle passieren einfach.

Auch am nächsten Tag humpelt Suzi noch. Unser Trainingsplan ist damit schon am zweiten Tag obsolet. Ich könnte theoretisch natürlich auch alleine laufen gehen, aber ich lasse doch meine Freundin nicht in Stich, oder? Das wäre ja echt mies, ihr so regelrecht »davonzulaufen«.

Vier Tage später humpelt Suzi immer noch und erklärt: »Ich glaub, ich muss zum Arzt. Unglaublich. Schon wieder so ein Termin.«

»Ja, lass das mal anschauen. Vielleicht gibt es auch Salben, die dagegen helfen.«

In der Woche darauf hat Suzi den Termin und kommt mit der Diagnose »Muskelfaserriss« zurück.

»Gott sei Dank nichts Schlimmes!«, sage ich. Aber Suzi ist trotzdem geknickt.

»Dauert etwa sechs Wochen, bis das wieder heile ist!«

»Bitter, jetzt, wo wir gerade durchstarten wollten.«

»Noch bitterer: Wir waren zu blöd. Der Doc hat gesagt, vor allem so ohne Training ist es wichtig, sich vorher immer aufzuwärmen. Daran hab ich überhaupt nicht gedacht.«

»Ich auch nicht!«, tröste ich sie. »Ich hatte nur mehr Glück als du. Dann machen wir das eben künftig anders. Und bis dahin gehen wir am Samstag weiter zum Karlsbacher. Denn wir haben ja einen Plan und waren diszipliniert, aber das war jetzt einfach Pech oder Schicksal.«

Suzi lächelt.

Wir genießen ohne Über-Ich und schlechtes Gewissen die Schokotorten, auch wenn wir tief innen irgendwo ganz, ganz insgeheim wissen, dass wir uns damit selbst in die Tasche lügen. Aber wir sind ja schließlich keine sechzehn mehr und wissen mittlerweile, dass alles seine Zeit braucht, Wunden heilen und wir neu starten können, wenn die Verletzung vorbei ist. Körperlich wie seelisch.

Jeweils zwei Kilo Schokotorten-Speck später ist Suzi wieder fit. Wir werfen uns an einem Montagmorgen in die Laufklamotten, wärmen uns zur Belustigung von Voss vor dem Haus auf (»Was ist das denn? Yoga für Faule?«) und beschließen während der Dehnungsübungen, ihm das noch ganz bitter heimzuzahlen mit richtig fiesen Anspielungen auf seinen Bauchansatz.

Ganz langsam starten wir eine kleine Runde, um uns nicht zu übernehmen. Wir keuchen und spüren die zwei Kilo mehr – aber schaffen unsere drei Kilometer.

Auch am übernächsten Tag nach dem Aufwärmtraining.

Und sogar noch mal einen Tag später. Und da läuft es sich nun schon deutlich leichter. Ja! Wer sagt es denn!

Aber dann, am folgenden Montag, als wir die Runde um einen Kilometer erhöhen wollen, schreit Suzi an der Parkbiegung beim kleinen Teich auf.

»Scheiße!«, ruft sie.

»O nein!« Ich stütze sie.

»Schon wieder!«

Ja, auch der Doc bestätigt: Wieder ein Muskelfaserriss. Sie solle mal zu einem Sportarzt gehen und sich das ansehen lassen.

Macht Suzi.

Als sie heimkommt, verschwindet sie wortlos in ihrem Zimmer, und ich höre sie auf dem Bett weinen. Ich klopfe an ihrer Tür. »Kann ich reinkommen, oder magst du lieber alleine sein?«

»Komm rein!«, sagt Suzi, »aber ich bin ein Häufchen Elend.«

Ich streiche Suzi über den Kopf. Die Tränen rollen.

»Jetzt ist alles vorbei!«, weint sie.

»Sag schon, was ist!«

»Der Sportarzt hat gesagt, damit muss ich nun leben.«

»Mit was?«

»Na, mit Muskelfaserrissen!«

»Wie, das kann doch nicht sein!«

»Doch!« Suzi wirft ihren Kopf wieder auf das Kissen. »In Ihrem Alter ist das eben so!‹, hat der gesagt!«

»Wie alt war denn der?«, frage ich.

»Anfang dreißig, braun gebrannt, muskulös!« Suzi richtet sich wieder auf. »Warum fragst du?«

»Weil du sofort noch mal zu einem anderen Arzt gehst, manche Ärzte sind einfach Vollidioten! Vor allem so junge, die uns einfach zum alten Eisen rechnen.«

Suzi springt auf. »Ja!« Ihre Augen funkeln wieder.

Auf Christianes Empfehlung besucht Suzi einen anderen Sportarzt, einen älteren Typen, wie sie später berichtet. Tatsächlich tauche so etwas bei manchen Menschen im Alter gehäuft auf, lässt er sie wissen. Aber es gäbe spezielle Gymnastik, mit der man Muskelfaserrissen gezielt entgegenwirken könne.

Die macht Suzi jetzt jeden Tag. Und ich lasse sie natürlich nicht hängen und laufe ihr davon – also warte ich einfach darauf, bis wir beide eines Tages wieder eine Runde drehen können. Und bis dahin gehen wir jeden Samstag walken – zum Karlsbacher.

Stimmt immer!

Sonntag – wir wollen unsere Psychologenfreundin Kikki besuchen und haben vergessen, Blumen zu kaufen. Kikki steht aber auf Blumensträuße, und so halten wir an der großen Tankstelle und suchen dort einen Strauß aus. Mehrere Leute stehen an der Kasse an, vor uns ein Mann, der seitlich im Regal noch etwas inspiziert. Suzi überholt ihn einfach – o Mann, ist mir das peinlich, wenn sich jemand vordrängelt. Ich will schon fast umdrehen und Suzi alleine zahlen lassen, da sagt der Mann auch noch: »He, ich stehe hier auch an!«

»Huch, ja, stimmt!«, sagt Suzi, »das tut mir leid, wir haben es so eilig, da hab ich Sie übersehen!« Suzi lächelt freundlich dazu.

»Gehen Sie vor«, erklärt der Mann. Und auch noch die Frau vor dem Mann meint: »Na, wenn Sie es so eilig haben – ich hab heute Zeit. Bitte!«

»Oh, vielen Dank!«, freut sich Suzi. »So nett!« Und schwupps sind wir an der Reihe.

Kikki freut sich über das Mitbringsel, aber ihr stets überkritischer Mann – der Gott sei Dank gleich loswill, um Kumpels zu treffen – merkt an, wie problematisch doch die Monokulturen im holländischen Blumenanbau seien.

»Stimmt«, sagt Suzi. »Das ist echt ein Problem, aber ich glaube nicht, dass diese Blumen aus Holland stammen.«

Kikkis Mann nickt und verabschiedet sich freundlich.

Mit Kikki ergibt sich später eine kleine politische Diskussion über Putin und die gefallenen russischen Soldaten im Zweiten Weltkrieg, beziehungsweise über heutige Waffenlieferungen der Deutschen generell.
»Das geht gar nicht, aufgrund unserer historischen Verantwortung!«, meint Kikki.
»Stimmt«, erklärt Suzi. »Aber vielleicht sollten wir gerade deshalb manchmal Waffen liefern, weil wir eine historische Verantwortung haben, kleinere Länder vor Aggressoren zu schützen.«
»Hm, ja, kann auch sein!«, erwidert Kikki.
Eigentlich hat Suzi ja genau das Gegenteil von Kikkis Meinung gesagt. Aber die sonst so politisch Streitbare lenkt erstaunlich schnell ein.

Als wir Kikkis Haus verlassen, sehen wir einen Parkwächter, der gerade einen Zettel hinter den Scheibenwischer meines Autos klemmt. Suzi rennt los, um das zu verhindern – und übersieht dabei einen Fahrradfahrer, der gerade noch ausweichen kann.
»Hast du keine Augen im Kopf?«, pflaumt sie der Kerl an.
»Stimmt!«, erklärt Suzi, »weil meine Augen nur dort sind.« Suzi deutet zum Parkwächter. »Tut mir leid!«
Der Kerl grinst sie verschwörerisch an. »Na dann mal schnell los!«, fordert er sie auf.

Im Auto frage ich Suzi: »Sag mal, wie kann das sein, dass du aus so heiklen Situationen immer so locker rauskommst? Vor allem das mit dem Vordrängeln an der Kasse war mir echt peinlich!«
»Stimmt!«, sagt Suzi und grinst. »Ist ja auch echt peinlich. Aber wenn man es geschickt macht, kommt man viel leichter ans Ziel und bleibt sogar freundlich in Erinnerung.«
»Und wie?«, frage ich.
»Stimmt!«

»Wie, stimmt?«, frage ich.

»Na hast du nicht bemerkt, dass es immer nur dieses kleine Zauberwort ist, das ich verwende, das ›stimmt‹. Ich gebe dem anderen erst recht. Und dann komm ich mit mir und meinem Anliegen daher.«

Ich muss lachen. »Stimmt!«

Zettelwirtschaft

Es ließ sich nicht verhindern – ich muss zwei unangenehme Kolleginnen zu einem Abendessen bei mir einladen. Der soziale Druck war einfach zu groß. Schon zu oft war ich innerlich zähneknirschend bei ihnen zu Gast gewesen und hatte mich bekochen lassen. Denn wegen ganz vieler exotischer Allergien und Geschmacksvorlieben kommt ein Restaurantbesuch für die beiden Giftschlangen nicht infrage. Die Gäste-Combo perfekt macht ein männlicher Kollege, der sämtliche Fiesheiten der beiden Frauen noch toppt. O-Ton: »Gestern waren wir bei Verena, netter Abend, ich frag mich nur, wie der Mann das mit diesem Putzteufel aushält. Das war so aufgeräumt, dass man vom Boden essen kann. Hat die sonst keine Hobbys? Deshalb ist die so unerträglich perfektionistisch und tyrannisiert uns alle.« O-Ton 2: »Super Essen gestern und guter Wein. Aber in so einer versifften Bude … die lässt sich einfach gehen … also, mich wundert es nicht mehr, dass der Lea der Mann davongelaufen ist und sie hier im Büro umso mehr Chaos produziert.« O-Ton 3: »Gut gemeint, aber selten so schlecht gegessen. Wirklich schade, wenn Kollegen dich zum Nahrungsaufnahmetier degradieren. Dann sollten sie sich die Einladungen gleich lieber sparen.«

Beifall und Zupflichtung noch Wochen später von den Kolleginnen.

Ach – nichts lieber auf der Welt, als mir diese Einladung zu sparen. Aber ich sitze in der klassischen Zwickmühle. Fast drei Jahre habe ich mich schon darum gedrückt. Das geht betriebsklimatechnisch nicht so weiter. Solche sozialen Verpflichtungen gehören einfach verdammt noch mal zu bestimmten Jobs dazu, leider auch zu meinem. Und lieber einmal so einen Abend aushalten als die ständige Erwartungshaltung der anderen, deren Augen mir schon zu tuscheln scheinen: »Also, wenn sie uns jetzt nicht bald auch mal einlädt, dann fangen wir an, sie zu mobben.«

Nächtelang hat mein Kopf auf einen Ausweg gesonnen, aber keinen gefunden. Ich muss da einfach durch. Ich bin erwachsen, ich bin fast sechzig, ich weiß doch, dass es richtig und gut ist, vielem aus dem Weg zu gehen, aber frau andererseits bestimmten Dingen einfach nicht aus dem Weg gehen kann. Also sich den unveränderbaren Tatsachen stellen muss. Ich muss da durch. Ich hasse es. Ich liege Suzi seit Tagen damit in den Ohren und jammere.

»Mach es einfach!«, erklärt meine Freundin, »und denk nicht länger darüber nach!« Na, die hat leicht reden. Aber sie hat ja recht. Also lade ich die drei ein. Suzi flüchtet schon bei der ersten Ankündigung – sie wolle an diesem Abend auch bestimmt nicht »stören« und verabredet sich deshalb mit Kikki außer Haus zu einer kleinen Feier, denn Suzi hat für diesen Tag ein äußerst schwieriges Gespräch mit ihrem Chef geplant, der noch nicht weiß, dass er bald ihr Ex-Chef sein wird. Schade, dass sie nicht da sein wird – aber gut, verständlich, ich würde es auch so machen, um schönere Stunden als bei so einem Essen zu verbringen. Es hilft alles nichts – ich muss da einfach durch. Himmel, hilf!

Der Tag ist da, Suzi schon weg, und als ich morgens das Badezimmer aufsuche, sehe ich am Spiegel ein Post-it haften: »Du bist großartig!«

Ui, danke, Suzi! Das baut mich auf. Einfach so was über mich zu lesen tut gut.

»Die anderen quatschen nur, du aber MACHST. Und du kannst das«, lese ich später an der Kühlschranktür. Ähm, ja, danke für das Kompliment, Suzi. Obwohl ich das bei mir gar nicht so sehe. Doch es boostert mich.

»Du bist wunderschön«, lese ich am Gläserschrank, den ich öffne, um mir ein Glas für den Orangensaft zu holen.

»All deine Gefühle sind gut, auch Wut auf solche Idioten«, sehe ich plötzlich auf dem Fenstersims vor dem Basilikum.

Am Küchenradio sagt mir ein knallgelber Zettel: »Lass dir nichts gefallen, dann gefällst du anderen!«

Hat sie recht. Stimmt schon. Und trotzdem fängt mein Magen zu grummeln an. Irgendwas passt mir hier nicht. Nur was? Was hätte ich mir gewünscht, dass mein Mann mich vor einem schwierigen Abend mal so aufgebaut hätte. Mehr als ein schulterzuckendes »Da musst du halt durch« hat sein beschränktes Empathievermögen nie zustande gebracht. Und jetzt kümmert sich Suzi so um mich und diesen dräuenden Abend, und mir behagt schon wieder etwas daran nicht. Also, ich weiß echt nicht mehr, ob es mir jemand überhaupt noch recht machen kann. Bin ich eine alte Zicke geworden, eine Diva ohne Hollywood-Hintergrund oder ganz einfach eine störrische Alte?

Keine Zeit mehr für solche Fragen, ich muss los ins Büro, eile zur Garderobe, nehme meine Jacke und lese plötzlich: »Gegen die Dummheit der anderen ist nur ein Kraut gewachsen: dein Selbstbewusstsein!«

Ich halte inne und verstehe plötzlich die Rebellenreaktion meines Magens: Wo in der Wohnung hängen noch solche Zettel? Wo hat sie Suzi überall verteilt? Wenn diese Unsympathen abends hier sind – wo werden sie unversehens noch solche Sprüche lesen? Und was sagt ihnen das dann über mich? Dass ich mich auf einen Abend mit ihnen vorbereiten muss? Dass ich sie schrecklich finde und unter mangelndem Selbstbewusstsein leide? Dass ich mich hässlich fühle? Dass ich mich extrem auf dieses Zusammentreffen vorbereiten musste, um es zu überstehen, so sehr, dass ich in der ganzen Wohnung Zettel angebracht habe, um ihnen begegnen zu können? Mir wird heiß.

Ich rufe im Büro an und teile mit, dass ich mich verspäte.

Hektisch ziehe ich die Jacke wieder aus und scanne die ganze Wohnung nach Post-its in Gelb, Grün und Rot. Ich pflücke die Zettel vom Schuhschrank, der Anrichte und sogar einem Esszimmertischbein! (War wohl abgerutscht.) Habe ich noch etwas übersehen? Keine Ahnung. Ich muss los. Wenn ich am Abend alles vorbereitet und gekocht habe, werde ich noch mal die ganze Wohnung ablaufen und nachsehen.

Tagsüber im Büro kann ich mich kaum konzentrieren – hat Suzi diese Post-its auch an die Weinflaschen geklebt? Was ist, wenn eine Kollegin ein Taschentuch braucht, ich sie auf ein Regal im Badezimmer verweise und auch dort so ein Zettel mehr oder weniger gut getarnt sein Dasein fristet? Und wenn der Kollege auf dem Balkon eine raucht und in einem Blumentopf plötzlich so eine Nachricht liest?

Ich rufe Suzi an. Sie muss mir jetzt und sofort sagen, wo genau die Tatorte sind.

Suzi ist nicht erreichbar.

Auch eine Stunde später ist sie nicht erreichbar. Und eine weitere Stunde später auch nicht.

Ich beschließe, dass ich eine Erklärung oder eine Ausrede brauche. Ah, ja, ich werde sagen, dass ich vorübergehend mit einer Frau zusammenlebe, die »gelinde gesagt« etwas seltsame Verhaltensweisen an den Tag legt. Ich würde ja eigentlich eine glückliche Ehe führen, mein Mann sei aber vorübergehend im Ausland und ich ein prima Mensch, weil ich Suzi vorübergehend Asyl gewährte, nachdem ihre Wohnung abgefackelt wurde. Ja, so kann der Abend laufen! Ich werde ruhiger.

Als ich abends zu kochen beginne, springen mich die Gespenster in Knallfarben jedoch wieder im Kopf an. Zwischen Zwiebelschneiden und Tomatendosenöffnen als handlichem Extremsport (die Dinger haben keinen Abziehverschluss, wie ich erst jetzt bemerke, aber laut Suzi wären sie die einzig schmackhaften Salsas, selbstverständlich aus Italien) eile ich in den Flur und kontrolliere, ob nicht hinter den aufgehängten Jacken noch mehr solche Zettel kleben. Ich sehe mir die Zimmertüren an, ob sich nicht an einem Rahmen zwischen den Bayern-München-Fan-Aufklebern meines ausgezogenen Sohnes so ein Post-it versteckt. Ich gucke mir den Esstisch von unten an und krieche auf dem Boden – hat Suzi womöglich auch auf dem Parkett solche Botschaften hinterlegt?

Als ich die selbst gemachten Pommes ohne schädliche Fette hergestellt habe, das Fleisch gegart ist, der Salat wie gewünscht ohne Sonnenblumenöl hergerichtet ist und das Gemüse im Dämpfeinsatz liegt und alles vorbereitet ist, werde ich erneut ruhiger und gehe noch einmal durch die Wohnung. Dabei schießt mir in den Kopf: Und was, wenn die schrecklichen Kollegen das alles sehen? Was würde mir eigentlich danach passieren?

Sie würden ohne Ende abläster über mich. Aber können mich die nicht auch mal? Sollen sie doch sagen, was sie wollen. Sollen sie sich doch denken, was sie wollen. Wer sind die eigentlich? Was haben die mit meinem Leben zu tun? Mit einem von Suzis Zetteln sage ich mir vor: »Ich bin großartig, und nicht artig!«

Der Abend verläuft erwartungsgemäß unangenehm, aber auch nicht weiter tragisch. Gute Miene zum Blabla und den Abwertungen der Kollegen von allen und jedem wie immer. Demonstrativ unterdrücke ich mein Gähnen nicht – und dann sind sie endlich weg. Ich bin durch! Am liebsten würde ich eine Flasche Schampus aufmachen und feiern, aber ich habe eh schon Wein getrunken.

Also vergesse ich das und will gerade freudig ins Bett gehen – da kommt Suzi gut gelaunt heim.

»Suzi!«, rufe ich. »Das war ja gut gemeint, aber der Schuss ging nach hinten los!«

»Was meinst du?«, fragt sie.

»Also, diese Zettel …«, fange ich an zu erklären.

»Nein, die haben mir tatsächlich sehr geholfen!«, unterbricht mich Suzi. »Bei diesem Gespräch mit dem Arschloch hab ich immer wieder an einzelne Post-its gedacht! Das hat mich gestärkt. Und ich hab mich wacker geschlagen!«

Aha! Sie hatte sie also für sich und gar nicht für mich in der Wohnung verteilt.

»Und wie lief es bei dir mit den netten Kollegen?«, fragt Suzi ironisch.

»Na ja, ich hab irgendwann beschlossen, mich nicht mehr so einschüchtern zu lassen von denen …«

»Ah, siehst du! Vielleicht haben dir meine Post-its dabei auch ein klein wenig geholfen? Die hab ich nämlich extra für dich noch drangelassen, dachte mir, das kann ja nicht schaden.«

Ich grinse und umarme Suzi spontan. Und kurz darauf im Bett schlafe ich schnell ein.

Am nächsten Morgen klebe ich ein extragroßes Post-it in die Küche: »Wir sind nicht wie die anderen – wir sind viel schlimmer!«

Rezept für eine Unglückssuppe

Suzi und ich verlassen gemeinsam die Wohnung, um mit Kikki ins Kino zu gehen.

Vor der Ausgangstür ruft Suzi: »Stopp! Moment!«

Ich verstehe sofort, was sie meint. Die Lottermeier aus dem Nebengebäude verlässt auch gerade das Haus. Der Lottermeier über den Weg zu laufen bedeutet, mindestens zehn Minuten nicht von der Stelle zu kommen und der Weltmeisterin im Jammern zuzuhören. Denn die Lottermeier hat nicht nur EIN Problem, sondern sehr, sehr viele: mit ihrem Mann, ihren Kindern, ihren Enkelkindern, mit der Müllabfuhr, mit dem Job, mit der Gesellschaft, mit der Politik, mit möglichen Asteroideneinschlägen auf der Erde, mit den überzogenen Forderungen der Gewerkschaften und der Skrupellosigkeit von Unternehmern, mit der Inkompetenz von Ärzten und der generellen Gewissenlosigkeit von Handwerkern, mit der von Kinderschändern dominierten Wettervorhersage, einem komplett unfähigen Hausmeister, der Verflachung der Filmkultur, der Selbstverstümmelung der Jugend durch Tattoos, der deutschen Naturfeindlichkeit beziehungsweise der europäischen Zuwanderungspolitik, also ... eigentlich mit allem. Nur eins kann man über die Lottermeier nicht sagen: Sie ist nicht einfallslos. Kaum glaubt man, ihr wirklich mit Argumenten oder Verständnis begegnet zu sein, fällt ihr beim nächsten Mal etwas Neues ein, mit dem sie beweisen will, warum die Welt so schlecht ist und weshalb es vergebene Liebesmühe sei, hier überhaupt noch glücklich zu werden. Sagt sie nicht so, meint sie aber so. Kurzum: Nach zehn Minuten Gespräch mit der Lottermeier fühlt frau sich, als hätte jemand eine Kanüle in den Körper gelegt und jede Energie abgesaugt.

Da warte ich doch gerne mit Suzi noch eine oder zwei Minuten, bis die Lottermeier außer Sichtweite ist. Zumal uns gerade eingefallen ist, dass Suzi unserer Freundin Kikki noch zwei Suppenrezepte mitbringen wollte, diese vergessen hat, und eine von uns eh noch mal die Treppen hochsteigen sollte (denn wir steigen momentan Treppen der Figur zuliebe, also um genauer zu sein: dem eigenen Hintern zuliebe, den wir »hoch« bringen wollen).

Mit Kikki genießen wir den Streifen im Filmtheater, trinken danach noch ein Glas O-Saft und Wein und machen uns ganz vernünftig frühzeitig wieder auf den Weg nach Hause. Wer sagt's denn?! Wir können auch erwachsen sein!

Gut gelaunt kehren wir heim – um an der Haustür der Lottermeier zu begegnen, die fast aus dem Nichts auftaucht.

Suzi und ich sehen uns an. Wer von uns darf schon mal hochgehen und ihr entfliehen? Welche von uns beiden setzt sich ihr aus? Denn so ein Satz wie: »Wir sind so müde, wir müssen ins Bett, es ist schon spät«, hält eine Lottermeier null Komma null davon ab, hemmungslos weiterzureden. Ich denke gerade, genau das müssten wir ihr eigentlich mal direkt sagen – da krallt die Lottermeier sich Suzi direkt: »Ich hab gehört, Sie sammeln Suppenrezepte, Sie machen doch eine Suppenküche auf! Ich bräuchte da ein Rezept. Denn mein Mann, der ist schrecklich, der denkt nur an Golf und hat noch nie für mich gekocht, und meine Kinder, die geraten nach ihm, die werden wie meine Schwiegermutter, braten Schnitzel in Olivenöl, das darf doch nicht wahr sein! Und meine Kollegen bringen sich mit Fast Food um. Habt ihr außerdem mitbekommen, wie viele Beerdigungen gerade am Ostfriedhof sind? Es wird immer schlimmer. Aber was sollen wir machen? Wir sind doch alle nur kleine Rädchen in einem skrupellosen Getriebe …« Undsoweiterundsofort.

Suzi wirft mir einen Blick zu, der sagt: »Geh mal, ich mach das schon!«

Fünf Minuten später treffe ich sie gut gelaunt im Bad. Sie strahlt schelmisch. »Ich habe eine Idee!«
»Was denn?«
»Warte mal ab, zeig ich dir morgen!«
»Jetzt tu halt nicht so geheimnisvoll!«
»Die Lottermeier kriegt morgen ein Rezept von mir!«, erklärt Suzi, »damit werde ich sie dann hoffentlich für immer los!«. Und damit putzt sie sich die Zähne und verschwindet ins Bett.

Das lese ich am nächsten Tag:

Rezept für eine Unglückssuppe
(Zu Risiken und Nebenwirkungen
fragen Sie Ihren Arzt oder Psychiater)

Vorbereitung:
- Legen Sie den Fokus auf First-World-Problems. Blenden Sie unbedingt aus, dass woanders Menschen hungern.
- Denken Sie bloß nie daran, dass Frauen woanders zwangsverheiratet werden, das ist doch ein Problem von so Schurkenstaaten.
- Vergessen Sie Selbstironie und nehmen Sie sich selbst todernst.
- Meiden Sie soziale Kontakte, insbesondere solche, die Energie und Lebensfreude ausstrahlen. Diese Leute haben einfach nicht verstanden, wie schrecklich alles ist, die sind schlichtweg dumm.
- Versuchen Sie, die Menschen in Ihrer Nähe zu verändern. Es kann doch nicht sein, dass sie so sind, wie sie sind!

- Verstehen Sie sich und Ihre Arbeit als einzige Knechtschaft des kapitalistischen Systems, auch wenn Sie selbst nicht am Fließband stehen.
- Hegen und pflegen Sie Ihr schlechtes Gewissen. Das bringt zwar anderen nichts, Ihnen selbst auch nichts, aber es beweist Ihren moralisch integren Status, ein guter Mensch zu sein.
- Machen Sie sich möglichst viele Sorgen. Nur so sind Sie gewappnet gegen all die schlimmen Dinge, die unweigerlich früher oder später auf Sie zukommen werden. Und lassen Sie sich ja nicht einreden, Sie seien unnütz, denn Sie würden die Dinge auch nicht ändern. Sie wissen das besser!
- Vertrauen Sie auf keinen Fall der Jugend und deren Leichtigkeit. Die hat bloß noch nicht verstanden, wo der Hase im Pfeffer liegt, nämlich in einer Welt, die immer schlechter wird.
- Suchen Sie Erklärungen für Ihren schwierigen Zustand im Internet. Gute Portale bieten einiges. Und hören Sie bloß nicht darauf, dass manche das Verschwörungstheorien nennen. Lassen Sie sich nicht entmutigen, wenn es etwas dauert, bis Sie die richtigen Blogs gefunden haben – die Auswahl muss Ihrer Psyche entsprechen. Und letztlich werden Sie ohnehin auf den Urgrund aller Miseren stoßen: Irgendjemand will uns vernichten!
- Ignorieren Sie so gut wie möglich Argumente und Anteilnahme der anderen. Lenken Sie all Ihre Aufmerksamkeit auf sich selbst. Sie sind das Zentrum der Welt.

Nach dieser Vorbereitung, die allerdings einige Übung erfordert, können Sie Ihre Zutaten souverän in den Ring, also Kochtopf werfen:

Zutaten:
- Möglichst viel Selbstmitleid
- Soziale Isolation
- Beklagen der Umstände im Opferstatus
- Verschwörungstheorien
- Unverbrüchlicher Glaube an das kommende Unglück

Zubereitung:
Mixen Sie all diese Zutaten je nach Gusto einfach neu. Hören Sie nicht auf Leute, die »nach Gefühl« auch einfach Glückssuppen kochen. Die sind ja nicht ganz dicht! Und lassen Sie auf keinen Fall zu, dass jemand für Sie tatsächlich kocht oder Sie gar in den Arm nehmen will. Sie gar freundschaftlich bemuttert oder Ihnen beisteht. So wird das nichts. Sie sollten schon an Ihr Ziel, diese Suppe herzustellen, glauben und möglichst akribisch alles angehen. Apropos: Versuchen Sie immer perfekt zu sein, keine Fehler zuzulassen, denn diese wird man Ihnen eines Tages noch ganz sicher vor die Füße werfen. Denken Sie mal daran, wie Sie vor fünfundzwanzig Jahren eine schlechte Kopie gemacht haben und Ihr Chef daraufhin ausgerastet ist. Hatte er nicht recht? Schon damals haben Sie alles falsch gemacht und waren nie gut genug! Versuchen Sie ja nicht, diesen ganzen Mix aus Gefühlen und Gedanken zu hinterfragen – der Schuss wird wie alles nach hinten losgehen. Verharren Sie lieber in der jetzigen Situation, besser wird es sicher nicht werden. Also am besten kochen Sie nach diesem Rezept jeden Tag. Das Unglück wird es Ihnen lohnen.

Am nächsten Tag klingelt die Lottermeier und bedankt sich ganz herzlich bei Suzi. Endlich hätte mal jemand verstanden, wie schlimm alles wirklich ist.

Suzi verabschiedet sich und sieht mich fassungslos an. »Unterschätze niemals die Dummheit anderer! Die nimmt das ernst! Jetzt hab ich sie erst recht an der Backe!«

Winterliebe

Suzi liebt Sommer, Sonne, Strand – weshalb sie schon immer weit im Voraus ihre Ferien in südlichen Gefilden plant. Gott sei Dank aber hält sie nichts von Diaabenden oder Diashows auf dem Rechner, wie ein Kollege meines Mannes, dessen Urlaubseindrücke wir regelmäßig »unbedingt« sehen mussten. Nein, Suzi schwärmt einfach herzerfrischend vom Meer, dem *dolce far niente* und den südländischen kulinarischen Genüssen. Weshalb sie sich jetzt schon auf den Weg macht, um neue Strandmode zu ergattern.

Doch seitdem Suzi in der Bademodenabteilung gewesen ist und sich selbst im Badeanzug im Warenhausspiegel gesehen hat, ist sie »nachhaltig traumatisiert«, wie sie immer wieder betont. Sollte sie jemals noch in ihrem Leben damit liebäugeln, sich einen Mann zu suchen, dann sei dieses Trauma sogar nützlich – in ihrem Alter im Urlaub die nackte Haut zur Schau zu stellen, sei masochistisch und sadistisch zugleich. Die ganzen Verformungen und Hängepartien würde ein Mann zwar dann auch später zu sehen bekommen, aber doch nicht als ersten Eindruck, doch nicht zuerst! Was die Biologie anrichte, müsse man mit Verstand auszugleichen versuchen: Ein Mann müsse zuerst unser Gesicht, unsere Klugheit und unseren Humor in unseren Augen erkennen. Das müsse sozusagen der Eyecatcher sein!

Suzi will jetzt im Winter zum Skifahren.
    Suzi hat zwar wie alle Kinder in Bayern mal auf zwei Brettern

gestanden, aber ein scheußlicher Skilehrer hat ihr das Vergnügen ausgetrieben, weil er sie als »völlig unbegabt« beschimpfte – woran ich mich noch gut erinnern kann. Suzi igelte sich im Winter immer ein und sparte ihren Jahresurlaub für den Sommer auf.

Suzi hat keinerlei Equipment fürs Skifahren und hat schon vor vierzig Jahren mal nachgefragt, warum sie nicht in einer Jeans den Berg herunterfahren könnte und wozu es so spezielle Skihosen, -brillen und -handschuhe bräuchte.

Suzi fand Almhütten bisher so attraktiv wie bierbäuchige Typen mit Hosenträgern und sexistischen Sprüchen.

Suzi ist prinzipiell verfroren wie ein afrikanischer Esel, der sich bei dreißig Grad Celsius am wohlsten fühlt.

Und: Suzi mag keine Pauschalreisen.

Kurzum: Suzi hat mich um Hilfe bei ihrer neuartigen Winterurlaubsplanung gebeten, weshalb ich jetzt mit ihr in einem Sportladen stehe.

Ein junger Verkäufer, der vom Alter her von uns aus gesehen irgendwo zwischen Sohn und Enkelkind steht, kommt auf uns zu und fragt freundlich: »Kann ich Ihnen helfen?«

»Ja!«, sage ich.

»Nein!«, widerspricht Suzi. »Wir sind noch bei Grundsatzfragen, wir kommen später auf Sie zu!«

Der freundliche Verkäufer zischt ab.

»Welche Grundsatzfragen?«, hake ich nach.

»Vielleicht sollte ich gleich snowboarden, wenn ich so spät noch einsteige?«, meint Suzi lapidar.

»Bist du verrückt? Das ist was für Junge mit viel Kondition, das ist eine ganz andere Liga.«

»Du meinst also, dafür bin ich zu alt?«

»Nein, das hab ich so nicht gesagt.«

»Aber gemeint?«

»Suzi, mach mal einen Punkt! Ich wollte nur darauf hinweisen, dass mir das deutlich schwieriger erscheint als Skifahren, aber ganz sicher bin ich mir auch nicht. Bloß lässt sich das nicht verifizieren, wenn du eine kompetente Beratung so vehement ablehnst wie eben!«

»Du meinst also, ein Sportfachverkäufer würde wirklich sachlich beraten und nicht auf sein Geschäft schielen? Am Ende geht es doch immer darum, den Kunden was aufzuschwatzen. Konsum und Kapitalismus, du weißt schon ...«

»Wir sind wegen dir hier in diesem Konsumtempel und nicht wegen mir!«

An manchen, ganz wenigen Tagen wünsche ich mir meinen Mann in solchen Situationen zurück. Gegen ihn kann ich viel simpler argumentieren, was dann ungefähr so ablaufen würde:

ER: »Ich lerne jetzt richtig Ski fahren!«

ICH: »Du? Lauf erst mal einen Marathon, um deine Kondition zu beweisen, das ist deutlich billiger!«

Und damit wäre das Thema erledigt gewesen.

»Was kostet das alles, summa summarum, wenn ich mir Skier kaufe, die Klamotten und alles, was sonst noch dazugehört?« Suzi ist nicht mehr auf mich eingegangen, sondern hat den Verkäufer zu uns geholt.

»Also die Skier ... es kommt darauf an, welche Sie haben wollen!«

»Grobe Hausnummer?«

»Da ist wirklich eine große Spanne, die ich ...«

»Mittelwert?«

»Also grob mal würd ich sagen, so um die 300 Euro.«

»Und die Klamotten?«

»Das ist unterschiedlich, welche Marken und welchen Schutz ...«

»Grobe Hausnummer?«

»Das ist nicht so einfach!« Der junge Kerl kommt sichtlich ins Schlingern. Weder anhand der Kleidung noch dem – nicht vorhandenen – Schmuck oder dem Auftreten mit Ehemann kann er wohl das finanzielle Potenzial der Frau ihm gegenüber einschätzen.

»Noch mal 300 Euro?«

Der junge Mann nickt. »Eher mehr!«

»Gut, und was kommt dann noch dazu?«

»Ähm? Was meinen Sie?«

»Na ja, ich brauch dann doch einen Skipass oder muss Liftgebühr bezahlen oder so Zeug.«

»Also, das ist recht unterschiedlich, je nachdem, wohin Sie reisen.«

»Das haben Sie jetzt auch schon mehrmals gesagt, dass es immer auf die Details ankommt. Haben Sie nicht verstanden? Ich brauche eine grobe Einschätzung der Kosten.«

Der junge Mann wirft mir kurz einen verzweifelten Blick zu. Ich kann ihm aber auch nicht helfen.

»Entschuldigung«, meint er, »ich verkaufe Ihnen gerne alles, aber vielleicht sollten Sie vielleicht zuerst mal ein Reiseportal bemühen. Für ein erstes Reinschnuppern in den Wintersport haben die tolle Angebote. Sie müssen nicht gleich alles kaufen, Sie können auch viel ausleihen, um alles erst mal auszuprobieren.«

Fair. Der junge Kerl will keinen schnellen Reibach machen, sondern geht ganz anständig auf meine Freundin ein. Allerdings merke ich, wie mir Suzis Auftritt allmählich peinlich wird, aber sie kriegt jetzt selbst die Kurve und lächelt:

»Okay, aber ich werde sicher mal die Altersweltmeisterin im Skifahren! Dann hole ich euch beide zu mir aufs Siegertreppchen und sag, dass ich das euch beiden zu verdanken habe.«

Der junge Kerl lacht laut auf. Ich grinse.

»Haben Sie noch ein paar einfache Handschuhe für das Fahrradfahren im Winter?«, frage ich. Denn ich möchte, dass dieser nette Kerl jetzt wenigstens noch ein kleines Geschäft mit uns macht.

»Und ich stelle auch keine Grundsatzfragen wie meine Freundin, außer nach der Farbe«, füge ich scherzend hinzu.

Der Mann lächelt, zeigt uns mit kurzen Erklärungen die Modelle. Und Suzi nimmt dann ebenfalls ein Paar, nur in anderer Farbe, weil sie natürlich verstanden hatte, dass ich dem jungen Kerl noch was Gutes tun wollte.

»Was war denn das jetzt für ein Auftritt?«, frage ich Suzi draußen vor dem Laden.

»Na ja, ich musste doch Informationen sammeln, was so eine Ausrüstung insgesamt kostet.«

»Aber im Reisebüro ...«

»Das weiß ich doch, meine Liebe. Da gehe ich ja auch noch hin, aber ich brauche doch Vergleichsdaten.«

»Das ist doch klar, dass Ausleihen billiger ist, meist sind Pauschalreisen sogar insgesamt billiger, als wenn man sich individuell alles zusammensucht. Manche Reiseveranstalter und Hotels haben mit Liftbetreibern beispielsweise Nachlässe auf die Skipässe vereinbart.«

»Das ist schon klar, das weiß ich doch!«

»Dann verstehe ich dich erst recht nicht!«

»Pass mal auf: Einmalig ist das natürlich billiger, aber auf die Dauer rechnet sich vermutlich doch eine eigene Ausrüstung. Und das ist jetzt das Entscheidende: die Dauer.«

»Was meinst du?«

»Angenommen, ich fahre jetzt jeden Winter zum Skifahren, dann ist die Frage in unserem Alter, wie lange das noch geht, also, ob sich so eine Investition in uns selbst noch rentiert.«

»Wie?«

»Ja glaubst du denn, du kannst mit achtzig noch auf Skiern stehen? Wenn ich mal grob schätze, würd ich sagen, spätestens mit siebzig ist es vorbei mit Skifahren. Dann sind das noch elf Winterurlaube. Und das kann ich dann gegenrechnen.«

Ich starre sie an.

»Jetzt schau nicht so, ist doch schön, wie pragmatisch wir in unserem Alter geworden sind!«

Am nächsten Tag geht Suzi ins Reisebüro.

Noch einen Tag später surft sie sich durchs Netz auf der Suche nach Reisen und bittet noch um fünf Minuten, bis wir mit dem Essen beginnen.

»Jetzt hab ich's!«, ruft Suzi freudestrahlend und setzt sich an den Tisch. »Das werd ich heute noch buchen!«

»Und wo geht es hin?«, frage ich gespannt. »Vielleicht kann ich dir noch Tipps geben!«

»Das glaub ich eher nicht«, schmunzelt Suzi. »Oder kennst du dich mit Mallorca aus?«

»Seit wann kann man dort Ski fahren?«

»Nix da!«, entgegnet Suzi. »Der ganze Hüttenzirkus ist viel zu teuer! Aber nicht dass du glaubst, die ganze Aktion wäre umsonst gewesen. Ich hab was gelernt, nämlich dass Pauschalreisen wirklich günstiger sind und wahrscheinlich gar nicht so schlecht.«

»Und dein Bademodentrauma?«

»Ach, das!«, winkt Suzi ab. »Ich lass mich doch in meinem Alter nicht mehr knechten, auch nicht von meinem eigenen Körper. Ich mache einfach das, was ich am liebsten mache. Und gegen das Bademodentrauma gibt es eine ganz einfache Lösung: Einfach im Badeanzug nicht mehr in den Spiegel gucken!«

Fürstlicher Betrug
Eine WhatsApp-Story

Mittwoch

Christiane
Suzi, du kennst dich doch aus mit Ehemännern, die fremdgehen?!
14.35

MB
Dein Mann???
14.37

Suzi
Na ja, auskennen ist übertrieben, nur bei meinem Chef ...
Was ist denn los?
14.38

Christiane
War in seiner Praxis, er hatte einen Notfall, war nicht da.
Ich sollte für die Sprechstundenhilfe was nachsehen.
Und da war der Browser noch offen.
14.40

MB
Und was hast du gesehen? Pornos?
14.42

Suzi
Datingplattform?

14.42

Christiane
Nein! Viel schlimmer! Klaus hat Hotels gesucht.
Für das nächste Wochenende, wo er angeblich zu einer
Fortbildung nach Heidelberg fährt.

14.44

MB
Klaus geht doch nicht fremd!

14.48

Suzi
Trau keinem Mann!

14.49

MB
Vielleicht muss er sich das Hotelzimmer selbst suchen?

14.51

Christiane
Nein! Er hatte Schloss Elmau offen.
Das liegt nicht gerade in Heidelberg.

14.53

Suzi
Schloss Elmau?

14.54

Christiane
Eins der besten Hotels der Welt im Wettersteingebirge.

14.56

MB
Absolutes Nobelhotel. Dort, wo Merkel und Obama waren. Vielleicht wollte er es einem Patienten empfehlen, als Kur?

15.00

Christiane
Niemals! Er findet Luxushotels Schwachsinn.
War immer ein Streitpunkt zwischen uns bei den Urlauben.
Dafür Geld ausgeben sieht er nicht ein.

15.06

Suzi
Er will jemanden beeindrucken.

15.07

Christiane
Genau! Weißt du, was die Nacht dort kostet? 650 Euro!

15.09

MB
Du hast schon mal von Elmau erzählt,
wie wunderschön das eingerichtet ist.

15.10

Suzi
650 Euro! Für eine Suite?

15.11

Christiane
Nein, für ein einfaches Doppelzimmer!
Fürstensuite mit Balkon 1000 Euro!

15.13

Suzi
Also, das nötige Kleingeld muss er wohl haben …
sorry, wenn ich lästre, Christiane.

15.17

Christiane
Schon okay. Aber versteht ihr?

15.18

MB
Aber dir geht es sicher nicht in erster Linie
um das Geld …

15.20

Christiane
Nein. Ich sitze hier und kann gar nicht mehr
klar denken.

15.22

MB
Da haben wir es wieder – man sollte einem Mann
nie nachspionieren.

15.27

Christiane
Hab ich auch nicht. Ich hab ihm blind vertraut.

15.30

Suzi
Und er dir wohl auch, sonst hätte er besser aufgepasst.
15.33

MB
Moment mal, vielleicht ist alles ein Missverständnis.
Es kann ja immer noch was anderes sein.
15.35

Christiane
Nein! Der hat es genau darauf angelegt, der hat sogar ein schlechtes Gewissen, denn zu mir hat er gesagt, ich soll es mir an dem Wochenende, wenn er auf Fortbildung ist, schön machen ... und ich wollte zu meiner Freundin Petra nach Berlin. Das hat er genau geplant, dass ich ihm nicht auf die Schliche komme.
15.42

MB
Verhält er sich auch sonst anders?
15.44

Christiane
Er hat ein neues Rasierwasser.
15.45

Suzi
Schlechtes Zeichen.
15.46

Christiane
Und eine neue Sprechstundenhilfe ...
15.47

Suzi
Der Klassiker!

15.48

Christiane
Wobei die wahnsinnig nett ist, auch zu mir.

15.50

MB
Das passt eigentlich nicht zusammen.

15.55

Suzi
Es gibt auch noch ein paar andere Frauen auf der Welt …

15.57

Christiane
Was soll ich denn jetzt tun?

15.59

MB
Rede mit ihm. Sprich es an.

16.03

Suzi
Nein! Dann kann er sich herausreden, dann wird er vorsichtig. Du brauchst einen Beweis.

16.06

Christiane
Ich kann ihm doch jetzt nicht absichtlich hinterherspionieren.

16.08

Suzi
Warum nicht? Jetzt ist es dein gutes Recht.
Was meinst du, was andere in solchen Situationen
schon gemacht haben?

16.12

MB
Also, ich weiß nicht ... reden kann viel klären.

16.14

Suzi
Reden führt zu Ausreden.

16.15

Christiane
Und falls es doch eine andere Erklärung gibt, wird er mir
nie mehr trauen, und ich hab das Vertrauen verspielt.

16.20

Suzi
Na, hör mal – jede Frau würde da an Betrug denken.

16.23

Christiane
Bloß weil im Browser Schloss Elmau offen ist?

16.25

MB
Hat er denn schon gebucht?

16.26

Christiane
Ich glaub schon, zwei Personen. ...
Ja doch, ich bin mir sicher, es wurde nämlich der Preis für zwei angezeigt.

16.28

MB
Also ehrlich gesagt bin ich jetzt auch ratlos.

16.30

Suzi
Zuerst bleibst du jetzt mal cool und verhältst dich wie immer. Grundregel aller Verbrecher.

16.32

Christiane
Verbrecher?

16.32

Suzi
Nur als Beispiel.

16.33

MB
Nerven behalten!

16.34

Christiane
Verstehe.

16.35

Suzi
Und dann überlegst du dir, was besser für dich ist.
Ihn mit deinem Verdacht konfrontieren oder selbst mehr herausfinden. Was ist weniger kräftezehrend für dich?

16.39

Christiane
Deine Nerven hätt ich gern.

16.41

Suzi
Ich hab ja auch keinen Mann und hab meine Nerven Jahrzehnte schonen können!

16.43

MB
☺ ☺

16.43

Christiane
LOL!

16.43

MB
Du hast aber auch gute Nerven, Christiane, an deiner Stelle könnte ich jetzt nicht mal ein »LOL« schicken.

16.45

Christiane
Ich bin kein Teenager mehr.

16.46

Suzi
Echt? Hätte ich nach deinem Aussehen gar nicht vermutet! ;-)
Verzeih, wenn ich Spaß mache.

16.47

Christiane
Alles gut. lk

16.48

MB
?

16.48

Christiane
I know ... also ich weiß schon. Macht gern Spaß. Tut mir gut.
So verliert die Sache das Drama ... Ach, ich könnt nur noch heulen. 😢

16.50

MB
Klar, ist eine brutale Verletzung.

16.51

Suzi
Wir brauchen einen Plan für dich, Christiane!

16.53

Christiane
Was gibt es da zu planen? Mein Mann geht fremd,
und ich soll nun entscheiden, ob ich das hinnehme oder
mich scheiden lasse?

16.55

Suzi
Nein! Ein Schritt nach dem anderen. Zuerst musst du
herausfinden, ob das nun stimmt. Du brauchst Beweise.

16.57

Christiane
Und wie soll ich die kriegen? Weiter schnüffeln?

16.59

MB
Nein, Suzi hat recht, erst mal ruhig überlegen,
was du machen kannst. Also noch mal in die Praxis gehen
und deine Wahrnehmung überprüfen.

17.01

Christiane
Ich bin doch nicht geistesgestört, ich weiß doch,
was ich gesehen habe!

17.02

Suzi
MB, hör mal auf mit deiner Küchenpsychologie!
Bei so was kann man sich doch nicht »versehen«.

17.04

MB
Bin jetzt beleidigt, weil ich keine Küchenpsychologin bin,
sondern eine gute Freundin. Ich mein es doch nur gut.

17.06

Christiane
Klaus kam eben, hat schon gegessen, sagt er.
Vielleicht war er mit ihr aus?
Ich brauch jetzt Schokolade.

19.10

MB
Ja! Nervennahrung.

19.20

Christiane
Mann! Er ist heute besonders freundlich und aufmerksam.
Fragte, wie mein Tag war, gab mir einen Kuss.

19.22

Suzi
Verdächtig.

19.23

Christiane
Genau. Hätten bloß noch Blumen gefehlt.

19.25

MB
Und was machst du jetzt?

19.26

Christiane
Ich verhalte mich erst mal wie immer. Gehe dann ins Bett und lege mich neben ihn, so als ob alles wie immer wäre. Ich warte mal ab.

19.28

Suzi
Sehr gut! Morgen ist ein neuer Tag!

19.29

Christiane
Kann nicht schlafen. Seid ihr noch wach?

23.03

MB
Ja. Magst du zu uns kommen?

23.05

Christiane
Nein, zu spät, zu weit.

23.06

Suzi
Er schläft?

23.07

Christiane
Ja. Tief und fest. Und schnarcht.

23.09

MB
Spricht gegen ein schlechtes Gewissen.

23.11

Suzi
Der hat auch keins, sonst würde er nicht auch noch ein Nobelhotel buchen.

23.12

Christiane
Ich sage Petra ab. Ich fahr da hin nach Elmau.

23.14

MB
Nein! Wenn er dich sieht, und es steckt was anderes dahinter, dann stehst du absolut dumm da.

23.16

Suzi
Ich hab's!!! ICH fahr da hin. Er kennt mich nicht. Schick mal Fotos von ihm, Christiane.

23.18

Christiane
Ja, gleich. Super Idee!

23.19

MB
Aber was sagst du da im Hotel?
Einfach in der Lobby rumsitzen?

23.21

Suzi
Warum nicht?

23.22

MB
Über Stunden? Du weißt ja nicht, wann er kommt!

23.23

Christiane
Buch dir ein Zimmer, Suzi, das zahl ich!

23.24

MB
Das kostet ... und außerdem wär das nicht komisch,
in einem Hotel zu übernachten, in dem der Mann einer
Freundin gerade fremdgeht?

23.26

Suzi
Der wird dort nicht übernachten, wenn er tatsächlich mit
einer anderen auftaucht! Dem mache ich die Hölle heiß.

23.28

MB
Dann ist das Zimmer umsonst bezahlt!

23.29

Suzi
Nein, dann kommst du nach, Christiane, dann übernehmen
wir und machen uns dort ein schönes Wochenende,
so gut es eben geht für dich.

23.31

MB
Gute Idee!

23.32

Christiane
Ja! Das machen wir. Ich wollte da schon immer mal hin,
ein Traum!

23.33

MB
Wann, wenn nicht zu einer solchen Gelegenheit!
Ich würde da auch gerne mit.
23.34

Christiane
Dann kommst du nach!
23.35

Suzi
Jetzt wünsch ich mir ja fast … aber nein, das geht zu weit.
Entschuldige, Christiane!
23.37

Christiane
☺ Keine Sorge, ich weiß, wie du das gemeint hast.
Wir machen uns ein schönes Wochenende – so oder so!
23.41

MB
Das ist immer eine gute Idee! ☺
23.42

Suzi
Du bist echt cool … in so einer Situation! ☺
23.43

Christiane
Ich bin fast 60! Mich haut so schnell nix mehr um.
Ich kann mir jetzt selbst leidtun oder ein schönes
Wochenende planen. Es ändert nichts an den Tatsachen.
Also such ich dann lieber das Schöne.
23.47

MB
Ich glaub, das nennt man Resilienz.

23.48

Suzi
Also steht jetzt unser Plan?

23.49

Christiane
Ja!

23.49

MB
Ja!

23.50

Suzi
Gute Nacht!

23.51

Donnerstag

Christiane
Planänderung – Petra will aus Berlin zu mir kommen, weil ich nicht zu ihr reise.

12.02

Suzi
Du kannst ihr die Gründe erklären, wenn ich ihn überführt habe.

12.04

Christiane
Okay, stimmt.

12.06

MB
Dann bis morgen, ich bin gespannt.

12.08

Christiane
Ich auch! 🌹 ☺

12.09

Suzi
Und ich erst. Fotos von ihm sind alle angekommen. Ich erkenn ihn jetzt blind.

12.11

Freitag

Christiane
Irgendwas ist hier ganz komisch. Er hat mir die Augen verbunden. Ich hab gesagt, ich muss pinkeln, um euch das noch schnell zu schreiben.

12.30

Suzi
Wie? Was?

12.31

MB
Entführung? Wo bist du?

12.32

Suzi
Christiane, melde dich, wir machen uns Sorgen!

12.40

MB
Christiane, ist alles okay?

12.50

Suzi
Ich fahre jetzt los nach Elmau. Bitte reagiere, Christiane!!!!

13.10

MB
Und ich fahr zu dir, schau, ob Petra da ist,
ob sie was gesehen hat. Melde dich!!!

13.12

Suzi
Bin in Elmau.

14.30

MB
Und?

14.32

Suzi
Sehe nichts!

14.32

Christiane
Alles gut!

14.35

MB
Was????

14.35

Suzi
Meine liebe Monika! Komm nach zu uns! Ein Doppelzimmer zum Sonderpreis ist noch frei, hab ich eben ausgehandelt. Und Klaus lädt uns ein!

14.38

MB
Was???

14.39

Christiane
Er hat für uns beide gebucht, weil er wusste, dass das schon immer mein Traum war, hierhin zu fahren. Überraschung zum Jahrestag. Mit Petra so abgesprochen, damit ich mir das Wochenende freihalte. Bester Mann der Welt. Und Suzi haben wir hier »zufällig« getroffen ... 😘 😊

14.42

Doc statt Disco

»Scheißtechnik!«, ruft mir Suzi an ihrer Zimmertür stehend laut zu und sieht aus, als wolle sie ihr Handy gleich an die Wand werfen.

»Was ist?«, frage ich.

Suzi schnaubt und starrt auf das Gerät.

»Soll ich dir einen Tee kochen?«, frage ich.

»Nein! Aber weißt du, wie man diese ewigen Mitteilungen abstellen kann?«

»Hm«, stöhne ich. »Meine technische Begabung liegt zwar nicht im Geniebereich, aber gib mal her!«

Suzi setzt sich zu mir an den Küchentisch. »Schau, das ploppt andauernd auf!«

Ich sehe mir die Mitteilungen an und klicke sie weg. »Guck, so geht das!«, verkünde ich stolz.

»Wart's ab«, unkt Suzi. Und tatsächlich: Zwei Minuten später tauchen alle Mitteilungen wieder auf.

»Hm, wir sollten mal bei den Einstellungen nachsehen, wo sind denn die bei dir?«

Da ich selbst ein iPhone habe, Suzi aber ein Android-Handy, sehe ich mich mit einem völlig anderen System konfrontiert. Eins, das mir deutlich komplizierter scheint als so ein iPhone. Weshalb ich mich auch zu den Unkosten des Apple-Geräts hatte hinreißen lassen, denn mein Sohn Lukas hatte eines Tages völlig entnervt von meinen ständigen Nachfragen erklärt: »Mom, kauf dir ein iPhone, das lässt sich intuitiv bedienen!«

Das mit dem »intuitiv« traf zwar überhaupt nicht zu, denn

auch wenn es sein mag, dass sich meinen erwachsenen Kindern solche Geräte »intuitiv« erschließen, hat es mich jeweils gefühlt einen Monat gekostet, herauszufinden, wie ich Kontakte zusammenführen kann, einen Klingelton aus meinem Lieblingssong fabriziere oder die Stimme beim Navi lauter einstellen kann. Und gefühlt *tausend* Jahre hat es gar gekostet, die Banking-App zu installieren. Mehrere Male wurde ich nach falschen Eingaben gesperrt, musste wieder bei der Bank anrufen, bekam einen neuen Aktivierungscode – und das Gleiche von vorne. Bis sich endlich – aber nur mit Lukas' Hilfe – herausstellte, dass ich erst alle Daten auf dem alten Gerät löschen musste, ehe ich auf dem neuen iPhone die App richtig installieren konnte. Einfacher wäre es gewesen, einen »Gerätewechsel« zu melden – aber daran hatte ich einfach nicht gedacht. Diese ganze Aktion hatte nur einen Vorteil – nachdem ich mit so hochsensiblen Daten hantiert hatte und alles schließlich doch noch lösen konnte, habe ich weniger Angst vor einfacheren technischen Herausforderungen wie Änderungen von Telefoneinstellungen oder dem Installieren einer guten Tracking-App. Und seither habe ich sogar einen kleinen gewissen Ehrgeiz entwickelt, mir das alles selbst erschließen zu können. Vermutlich vor allem aus einem Grund: Ich möchte doch nicht wie eine alte Frau dastehen! Und so habe ich mir auch bald angewöhnt, Nachrichten mit den zwei Daumen zu tippen und nicht nur mit dem rechten Zeigefinger, denn meine Tochter Eva hatte das mal gesehen und gemeint: »Das sieht voll behindert aus, Mom, wie die Älteren Nachrichten schreiben.« Oha! Da war aber mein Ziel schnell klar: Wenn ich mit den beiden Daumen Nachrichten eintippe, zum Beispiel an einer Bushaltestelle, werde ich sofort um mindestens zehn Jahre jünger geschätzt. Was brauche ich teures Botox, wenn meine Daumen völlig kostenlos den gleichen Effekt herstellen können?

Vielleicht kommt auch Suzi wegen dieser meiner Fähigkeiten auf die Idee, ich wäre technisch so versiert. Denn selbst ihr gegenüber habe ich meinen Stolz darauf, wie Jüngere mit zwei Daumen tippen zu können, nie erwähnt.

Und so sehe ich mir das mit ihren Mitteilungen noch einmal an, versuche so was wie »Systemeinstellungen« zu finden – und zack! Plötzlich ploppen doch wieder die immer gleichen Mitteilungen auf.

»Also, Suzi, sei mir nicht böse, ich kann da schon noch weitersuchen, aber ich kenne das System nicht und weiß nicht, wie viele Tage ich brauche, um herauszufinden, woran das mit den Mitteilungen liegt. Besser, wir fragen da jemanden. Ich kann mal Lukas anrufen …«

»Nein, warte, es ärgert mich zwar, wenn ich zugeben muss, ein altes Weib zu sein, das sich mit Handys nicht auskennt, aber ich rufe jetzt Cindy an. Ihr Mann ist in seiner Firma Digitalisierungsleiter. Der muss es wissen. Wir sind vielleicht komische Alte, aber wir sind deshalb auch pragmatischer als die Jungen. So viel Zeit mit Suchen vergeuden wir nicht, wenn ein Anruf genügt!«

Wir grinsen.

Suzi verschwindet mit dem Festnetztelefon und dem Handy in ihr Zimmer, und ich höre sie mit ihrer Tochter sprechen.

»Ah!«, höre ich sie erleichtert rufen. »Danke!«

Sie kommt in die Küche gestürmt. »Stell dir vor, das lag gar nicht an uns, da ist ein Programmierfehler in dieser Version auf meinem Handy.«

»Aha, gut! Da hätten wir noch ewig suchen können, das muss man erst mal wissen.«

»Genau. Sönke kannte das und meinte, dass auch andere daran schon verzweifelt sind. Sogar seine jungen Kollegen!«

Suzi grinst triumphierend. Wir sind also in erster Linie nicht alte Frauen, sondern kluge Frauen, die lieber nachfragen, als an technischen Fehlern oder sich selbst zu verzweifeln.

»Ich soll einfach ein neueres Betriebssystem installieren. Und das geht ganz einfach, sagt er. Und hat es mir erklärt.«

»Und deine Daten?«

»Da hab ich natürlich gefragt, die bleiben alle erhalten dabei.«

»Davor hab ich am meisten Schiss, dass ich plötzlich die ganzen Telefonnummern und Mailadressen verliere, ohne die wäre ich aufgeschmissen. Oder die Termine im Kalender. Obwohl ich auf dem Rechner ein Back-up habe.«

»Geht mir genauso!«, sagt Suzi. »Und vor allem muss das bei mir jetzt alles auch bald richtig professionell funktionieren, wenn ich mich selbstständig mache.«

»Aber in der Suppenküche wird doch niemand digital bestellen, sondern einfach zum Essen hingehen«, wende ich ein.

»Ha, von wegen! Denk mal an Coronazeiten und an Cateringbestellungen und so weiter. Ich will ja keine kleine Klitsche aufmachen, sondern den Laden professionell aufziehen. Vielleicht sogar mal einen Lieferservice dazu, aber gut, das ist noch Zukunftsmusik, das muss noch durchdacht werden – doch die Grundvoraussetzung für alles ist, dass ich technisch versiert bin und nicht lange über so was nachdenken muss, damit der Laden laufen kann. Ich kann doch damit nicht meine Zeit vergeuden, wenn ich in der Küche stehe oder Kundschaft da ist. Das muss einfach laufen! Das gehört zu den Basics für so einen Betrieb. Ich kann ja auch nicht aus dem Lokal heraus ständig bei dir nachfragen, was mit einem gestrichenen Teelöffel gemeint ist«, erklärt Suzi schmunzelnd. Ich muss laut lachen. Genau diese Frage hat mein Sohn Lukas Suzi gestellt, als ich gerade nicht daheim war und er sie an der Festnetzstrippe hatte.

Also, ich sollte mir nie mehr einen Kopf darüber machen, was für blöde Fragen ich meinem Sohn stelle, und mir deshalb alt vorkommen. Er stellt mindestens ebenso blöde Fragen, nur eben zum Analogen und nicht zum Digitalen. Und natürlich weiß ich, dass es keine dummen Fragen gibt, sondern nur dumme Antworten. Fragende sind souverän, weil sie Wissenslücken zugeben können. Theoretisch. Also eigentlich immer, außer es handelt sich um Frauen und Männer, die das eigene Alter etwas nach unten mogeln wollen. Vor seinem Aufbruch nach Kasachstan behauptete mein Mann zum Beispiel, er brauche sich keine Packliste zu schreiben, er sei ja mit seinen sechzig Jahren nicht dement und überhaupt noch so fit, einen Marathon laufen zu können. Und dann fragte er x-mal nach, ob er nicht doch was vergessen habe, und ich wies ihn auf die nicht vorhandene Packliste hin, also ein paar notierte Stichpunkte, die sein Leben deutlich erleichtert hätten. Übrigens auch meins, wenn er nicht alle fünf Minuten nachgefragt hätte, ob denn nicht vielleicht was Wichtiges fehlen würde. »Es gibt keine dummen Fragen!«, erklärte mein Mann daraufhin, und mir schoss ungerechterweise sofort in den Kopf: »Aber es gibt dumme unpragmatische Männer!« Das habe ich jedoch selbstverständlich nicht gesagt.

Aber seither habe ich zu dieser Weisheit »Es gibt keine dummen Fragen« doch ein anderes Verhältnis und sehe das – um das mal so zu sagen – differenzierter. Wenn meine Tochter sich bei mir ausheult, weil der neue Kerl so ein super Arschloch ist, und mich fragt, ob ich eine Erklärung dafür habe, warum sich Frauen überhaupt verlieben, sehe ich das gar nicht als dumme, sondern vielmehr als sehr kluge Frage. Die kann ich zwar auch nicht logisch oder gar mit einer Weltweisheit beantworten, aber diese Frage verstehe ich als wirkliche Frage und nicht wie die meines Mannes als Alibi, sich um die Verantwortung für die Organisation seines Auslandsaufenthaltes zu drücken. Denn wenn er dann hinterher etwas vergessen hat, kriege ich zu hören: »Aber ich hab dich doch extra gefragt, ob ich nicht etwas vergessen habe!«

Mein Mann kam jedenfalls, abgesehen von ein paar vergessenen Kleinigkeiten, unbeschadet und mit den richtigen Koffern in dem Land an … und jetzt weiß ich gar nicht mehr, was das mit Suzi und ihrem Handy zu tun hat. Fragen über Fragen! Aber meine sind natürlich wirklich klug!

Suzi löste ihr Handyproblem, aber bald darauf ergibt sich ein neues, und sie schlägt wieder mit einem Aufschrei am Küchentisch auf – alle Daten sind plötzlich weg. Same story: Ich versuche zu helfen, komme nicht weiter, Sönke hat eine Erklärung, Suzi hat nicht auf Abmelden, sondern auf Löschen gedrückt. Aber auch Sönke kann die Daten nicht wiederherstellen, denn Suzi hat zu gründlich »aufräumen« wollen mit überflüssigem Datenschrott.

Suzi beschwert sich mit den Worten: »Jetzt reicht mir das, ich will auch so ein iPhone wie du, da kann viel weniger passieren. Das ist kein Spaß. Es geht hier um mein Geschäft, um meine Existenz, um meine Rente, um meine Jugend!«

»Jugend?«, frage ich, denn dieses Element ihrer Reihe erschließt sich mir nicht.

»Wenn ich das nicht hinkriege, fühle ich mich alt, uralt, wie ein analoger Dinosaurier.«

Ein paar Tage später richten wir zusammen das neue Gerät ein. Alle Probleme dabei lassen sich tatsächlich »intuitiv« leicht lösen. Wir finden sogar Spaß daran, die ganzen Möglichkeiten des Apparates zu entdecken, wie die Zoomfunktion der Kamera. Wie zwei junge Techniknerds sitzen wir am Küchentisch und rufen: »Schau mal, was man da machen kann!«

»Geil!«

»Was da alles drinsteckt!«

»Unglaublich!«

»Wenn man sich einmal etwas länger damit befasst, erschließen sich ungeahnte Möglichkeiten!«

»Die wir nur noch nutzen müssen!«

»Ja, hoffentlich hat mein Hirn das morgen nicht schon wieder vergessen!«

»Ach was! Wir leiden noch nicht an Altersvergesslichkeit … äh, also schon, aber in einem Mini-Ausmaß, das dürfen wir nicht hochjazzen!«

»Stimmt!«

»Lass uns einfach ganz analog dazu Notizen machen!«

»Sehr gute Idee!«

»Nein, ich hab's, schau mal, da kann man auch Notizen aufsprechen, und dann wird das zu Text, das ist noch viel besser bei unsrem Neustart in das digitale Zeitalter!«

»Ui! Ja, sehr gut, diese Möglichkeit ist mir bisher entgangen! Super!«

Suzi und ich machen Sprachnotizen und staunen darüber, wie genau unsere Wörter doch schriftlich festgehalten werden. Ja, klar, die Rechtschreibung stimmt manchmal nicht, und englische Begriffe kommen bei Siri gar nicht gut an. Aber insgesamt stimmt der geschriebene Text erstaunlich gut mit dem gesprochenen überein.

Ganz begeistert von der Eroberung dieser neuen Technik, schicken wir uns jeweils Notizen gegenseitig zu.

»Wenn wir so weitermachen, kann ich demnächst deinem Lukas auch Fragen zum iPhone beantworten«, schickt mir Suzi mit Zwinker-Smiley.

»Wir müssen niemanden mehr fragen, wir können das jetzt selbst«, antworte ich ihr.

Nachdem wir die Tiefen erprobt haben und immer lässiger damit umgehen können, wird das Handy endlich wieder zum dem, was es ursprünglich sein soll: ein Ding, das einfach gut funktioniert und mit dem wir ohne großes Nachdenken gut umgehen können.

Zwei Wochen später allerdings steht Suzi mal wieder mit dem iPhone in ihrer Zimmertür und ruft: »Mir wird schlecht!«

»Warum?«, frage ich. »Was ist passiert?«

Suzi sieht aus, als würde sie das Handy gleich an die Wand knallen wollen.

»Ich übertrage gerade die Termine von meinem Papierkalender in den elektronischen Kalender.«

»Und was ist das Thema? Also, bei mir geht das!«, erkläre ich.

»Technisch kein Problem«, sagt Suzi und lässt sich auf einen Stuhl in der Küche fallen. »Aber schau dir das mal an!«

Ich gucke auf diesen Kalender, der einfach Termine anzeigt, markiert in Rot für privat und Blau für die Arbeit.

»Viele Termine!«, stelle ich fest, denn ich weiß überhaupt nicht, was sie meint.

»Schau mal genauer!«

»Ja, ich gucke die ganze Zeit schon, jetzt sag endlich, was du meinst!«

»Lauter private Termine. Und ganz wenige mit wirklich schönen Verabredungen. Alles Arzttermine. Beim Internisten, bei der Vorsorge, bei der Gynäkologin ... der ganze Kalender ist voll davon. Jeden Monat was! Das ist doch nicht normal! Das ist ja wie bei Senioren, wie bei meiner Mutter!« Suzi seufzt und sieht mich fast verzweifelt an.

»Also bei mir nimmt das auch zu. Früher war da nur mal die Zahnprophylaxe zweimal jährlich und halt die Frauenärztin oder wenn man krank war.«

»Ja, und jetzt ist das wie ein Hobby – Arztbesuche. Das ist doch nicht normal!«

»Gott sei Dank haben wir die moderne Vorsorgemedizin, sonst würden wir alle früher sterben, weil nichts rechtzeitig erkannt wird!«, wende ich ein.

»Ach was«, schimpft Suzi, »diese ganze Vorsorgemedizin macht uns erst krank, weil wir plötzlich mit all den Terminen immer öfter daran denken, was alles passieren könnte!«

»He, auch wenn du das nicht hören magst – das ist einfach normal in unserem Alter! Die Einschläge kommen näher.«

»Vielleicht«, meint Suzi. »Aber ich bin doch keine Rentnerin, die nur rumsitzt und nichts anderes zu tun hat, als zum Arzt zu gehen, und das nur, weil sie Ansprache braucht!«

»Das eine hat doch mit dem anderen nichts zu tun, sich untersuchen lassen und Ansprache suchen …«

Suzi blickt auf und seufzt: »Ja«. Sie starrt kurz ins Leere, scheint nachzudenken. »Weißt du, so oft, wie wir heute zum Doc gehen müssen, waren wir früher in Discos verabredet!«

»Was? So selten hattest du Dates in Discos?«

Suzi lacht auf und kontert: »Damals gab's auch noch keine digitalen Verabredungen. Wir haben ganz analog auf dem Pausenhof oder an der Straßenecke was ausgemacht.«

»Und wir konnten auch einfach nicht erscheinen, denn es gab keine digitalen Terminerinnerungen.«

»Und wir brauchten auch keine Kalender, denn wir haben uns alles merken können!«

»Ja«, will ich fast seufzend antworten, aber dann fällt mir ein: »Wir hatten nur Jungs und die Liebe im Kopf und waren zutiefst enttäuscht, wenn ein Kerl nicht die gleiche Musik wie wir gut fand. Also, ich bin ganz froh, nicht mehr nur auf Discotermine zu setzen, sondern heute eine eher eine bunte Mischung an Terminen zu haben, und dazu gehören auch Arzttermine.«

»Wir sind also total vernünftig geworden?«, fragt Suzi.
Ich nicke. »Wenn man es so sehen will: ja!«
Suzi nickt, aber, anders als ich, nicht zustimmend. Sie schaut durch mich hindurch, in Gedanken ganz woanders als bei mir, greift zum Handy und ruft: »Wie toll, dass ich jetzt weiß, wie ich einen Text einfach kopieren und überall einsetzen kann.«
Was meint sie?
»Schau!«
Sie tippt eine Arztnummer nach der anderen in ihrem Kalender an und schickt die jeweils gleiche Nachricht: »Leider muss ich Ihnen den Termin absagen. Denn ich muss auch mal wieder unvernünftig sein, um mich jung zu fühlen. Das ist vielleicht gesünder als jede Vorsorge. Ich werde an diesem Tag statt zu Ihnen abends in eine Disco gehen. Ich melde mich demnächst wieder.«

Ein himmlisches Interview

*Suzi und ich sitzen im Himmel auf einer Wolke
beim heiligen Josef.*

MB
Danke, lieber heiliger Josef, dass Sie sich Zeit für ein Gespräch mit uns nehmen.

SUZI *(aufgeregt)*
Ich hätte ja nicht geglaubt, dass wir überhaupt bei Ihnen vorsprechen können, aber mit dem guten Draht meiner Mutter zu Ihnen da oben hat das wohl doch geklappt. Sie betet ja täglich zu Ihnen. Und Monika hat gemeint, sie hätte in ihrer Zeit als Journalistin schon oft Interviews geführt.

HEILIGER JOSEF *(lacht)*
Sie brauchen sich von meiner vermeintlichen Autorität gar nicht einschüchtern lassen, das passt gar nicht zu Ihnen. Ich spreche doch gerne mit Ihnen!

MB *(verblüfft)*
Ich habe Sie darum gebeten, weil meine Freundin Suzi hier gerade meine Mitbewohnerin ist und sie ihre tiefkatholische Mutter besucht hat und sich dabei etliche Fragen ergeben haben.

HEILIGER JOSEF
Sie müssen sich nicht entschuldigen, ich werde oft angefleht.

SUZI *(wieder ruhig)*
Ja, aber wir beten ja nicht zu Ihnen, wir möchten eben nur ein paar Dinge in Erfahrung bringen.

HEILIGER JOSEF
Das ist natürlich auch in Ordnung. Dann hab ich weniger zu tun!

SUZI
Ui, Sie haben auch Humor? Das gefällt mir!

HEILIGER JOSEF
Das hab ich im Laufe der Jahrhunderte gelernt. Was glauben Sie, wie ich schon angefeindet wurde? Als Weichei beispielsweise, wie die Leute heute sagen, dessen Frau mit einem anderen Sex hatte und der sich das bloß nicht eingestehen will. Also der Gatte einer Jungfrau mit Kind und der irdische Vater eines Gottes zu sein, das ist manchmal schon ein Härtetest.

MB
Ah, verstehe, das Religionsbashing geht mir auch gehörig auf die Nerven.

HEILIGER JOSEF
Sie machen sich keine Vorstellung davon, wie das manchmal an die Substanz geht! … Aber egal. Warum wenden Sie sich an mich?

SUZI
Meine Mama hat gemeint, Sie sind doch der Schutzpatron von Familien.

HEILIGER JOSEF
Ja, das stimmt, deshalb hat der Papst ja auch neulich das Jahr der Familie zu meinem Ehrentag am 19. März ausgerufen.

SUZI
Meine Mama hat außerdem gesagt, dass Sie deshalb eine erste Anlaufstelle für uns sind, auch wenn Sie eigentlich nicht für uns zuständig sind.

HEILIGER JOSEF
Warum?

MB
Weil ich mit meiner Freundin vorübergehend zusammenlebe und wir also keine klassische Familie sind ...

HEILIGER JOSEF
Das macht gar nichts! An mich kann man sich auch mit anderen Anliegen wenden.

MB
Ja, aber eines unserer Anliegen ist ja gerade, zu fragen, warum es keinen Schutzpatron für WGs gibt. Also, das ist eigentlich nicht mein oder Suzis Anliegen, sondern das von Suzis Mama. Sie besteht darauf, dass wir auch eine Heilige oder einen Heiligen brauchen für unseren Haushalt.

HEILIGER JOSEF
Wie meinen Sie das? Es gibt doch eine heilige Susanna und auch eine heilige Monika, die Mutter von Augustinus.

MB
Schon, ja, aber wir haben mal gegoogelt und dabei gefunden, dass es im katholischen Himmel nicht nur Schutzpatrone gegen alle möglichen Krankheiten, für Städte und Berufe gibt, sondern auch für »Zustände« wie …

HEILIGER JOSEF
Der Katholizismus ist pluralistisch und offen für alles.

SUZI
Was meinen Sie?

HEILIGER JOSEF
Wir haben die alten Götter der Kelten, Griechen und Römer einfach übernommen und sind nicht so streng monotheistisch ausgerichtet wie die später auftauchende protestantische Konkurrenz. Unser Laden ist da irgendwie heidnischer, aber auch versöhnter mit all den menschlichen Schwächen.

MB
Das verstehe ich nicht.

HEILIGER JOSEF
Nur als Beispiel: Wenn Suzis Mama ihre Strumpfhose oder einen Brief verlegt hat, dann betet sie vielleicht ganz einfach zum heiligen Antonius. Das hat ja erst mal mit Glauben nichts zu tun, einen Heiligen darum zu bitten, eine verlegte Strumpfhose wiederzufinden.

MB
Das sagen ausgerechnet Sie!

HEILIGER JOSEF
Das ist eigentlich Aberglaube.

SUZI
Jetzt bin ich platt. Aberglaube?! Das sagen Sie als zentrale Figur des Christentums? Als Vater von Jesus?

HEILIGER JOSEF
Ich analysiere nur, im Hintergrund. Ich wurde als Mann und intellektuell über Jahrhunderte unterschätzt.

MB
Man sieht sie meist nur in einer Krippe stehen ...

HEILIGER JOSEF
Was mich nur richtig ärgert, ist, dass die Frauenbewegung, der ich wohlgesinnt bin, das alles nicht zur Kenntnis nimmt. Ich als Heiliger werde einfach als verstaubt katholisch in eine Papst-Schublade geworfen, und es wird gar nicht gesehen, wie mannhaft emanzipatorisch das war, einen Jungen liebevoll aufzuziehen, der nicht das leibliche Kind ist. Also ganz im Sinne der Genderbewegung, die nicht auf Biologie setzt ...

SUZI *(springt auf)*
Erstaunlich! So hab ich das noch nie gesehen! Ihre göttliche Familie ist eigentlich auch der Vorreiter in Sachen Patchworkfamilie!

MB
Sie haben trotzdem immer ein konservatives Familienbild propagiert, aber ich schweife jetzt ab.

HEILIGER JOSEF
Ich schweife auch ab, wenn ich mich über diese jahrhundertelange Missachtung beschwere! Da hat sich viel angestaut. Es ist auch eigentlich egal. Warum kommen Sie konkret zu mir?

SUZI
Na ja, wie gesagt, in der Kirche gibt es für alle Schutzheilige, sogar für Prostituierte. Aber nicht für eine Weiber-WG.

HEILIGER JOSEF
Ah, stimmt, daran hab ich gar nicht mehr gedacht, an die Afra von Augsburg und die Maria von Ägypten, die für das horizontale Gewerbe zuständig sind, die sehe ich so selten. Aber sagen Sie: Wozu brauchen Sie denn einen Schutzpatron, wenn Sie ohnehin nichts glauben?

SUZI
Na ja, gute Frage … einfach so vielleicht? Also eigentlich für meine Mutter. Und wenn ich mir das recht überlege, auch weil es mich einfach ärgert, dass klassische Familien einen haben, aber nicht wir, das ist doch irgendwie nicht fair!

HEILIGER JOSEF
Nein, genau genommen haben wir auch für Familien an sich nicht so einen Patron. Deshalb hat der jetzige Papst auch länger suchen müssen, ehe er einen von uns für das Jahr der Familie nominiert hat. Das war intern … um das mal so zu nennen … eher schwierig. Bis ich es dann wurde.

MB
Ah, danke für Ihre Offenheit! … Aber warum schaffen Sie denn keinen neuen Schutzpatron dafür?

HEILIGER JOSEF
Na ja, wir können ja Heilige auch nicht einfach so aus dem Hut zaubern.

SUZI
Aber vielleicht wäre das echt eine Idee, wenn Ihre Kirche sozusagen eine Marketingstrategie fährt, im Sinne: Wir haben jetzt auch einen Schutzpatron für Familien und alle Arten des Zusammenlebens, also auch für WGs. Schaut alle her, wir sind nicht verstaubt, wir sind bunt!

HEILIGER JOSEF
Um Gottes willen! Da kommen wir gleich wieder in die Diskussion um homosexuelle Paare. Also, das ist bei uns ganz schwierig.

SUZI
Was meint eigentlich Gott persönlich zu dem Thema? Das wäre doch mal interessant zu wissen!

MB
Suzi, ich weiß nicht, ob du jetzt nicht zu weit gehst …

SUZI
Der heilige Josef ist nicht auf den Kopf gefallen, der wird schon sagen, wenn ihm das zu weit geht.

HEILIGER JOSEF (lacht)
Genau, Suzi, Sie gefallen mir!

MB
Na denn, dann frage ich auch: Was meint der liebe Gott dazu? Würd mich auch brennend interessieren.

HEILIGER JOSEF
Wenn ich das wüsste! Er hat sich nicht dazu geäußert, so Zeug ist ihm vielleicht zu irdisch banal. Sonst wäre er ja kein Gott. Das müssen schon seine Stellvertreter auf Erden entscheiden.

SUZI
Dann führen Sie doch einfach eine neue Heilige ein, die für alles zuständig ist, auch wenn Sie sich inhaltlich nicht genau festlegen.

HEILIGER JOSEF
Neue Heilige? Also, das stellen Sie sich zu leicht vor! Es laufen ja nicht einfach Leute herum, und wir suchen uns davon ein paar als Heilige aus. Das sind ja nur wenige, die sich dafür qualifizieren. Die müssen Märtyrer werden oder Wunder bewirken und dann durch ein Seligsprechungs- und Heiligensprechungsverfahren laufen, irdisch unten, ehe die bei uns oben aufgenommen werden können.

MB
Und warum nehmen Sie dann keine aus dem vorhandenen Personal?

SUZI
Genau! Sie haben ja auch schon Namenstage einfach umgelegt, warum nicht auch Zuständigkeiten?

HEILIGER JOSEF
Ja! Dann nehmen wir doch einfach die heilige Afra von Augsburg, die hat eh so wenig zu tun, weil sich keine mehr an sie wendet.

SUZI
Also das geht nun mal gar nicht! Soll ich meiner Mama sagen, wir haben nun die gleiche Schutzpatronin wie die Nutten? Was glauben Sie eigentlich, was die dann denkt, was hier in der WG los ist? Die macht sich doch eh schon Sorgen über unser vermeintliches Lotterleben.

HEILIGER JOSEF
Darf ich fragen, wie alt Sie sind?

SUZI
Ja, warum?

HEILIGER JOSEF
Und?

SUZI
Knapp sechzig, also das fragt man eigentlich keine Frau, ich verzeihe es Ihnen als Heiliger aber.

HEILIGER JOSEF
Sie sehen deutlich jünger aus!

SUZI
Danke! Aber was wollen Sie mit diesem charmanten Kompliment, mit dem Sie jede Frau unseres Alters kriegen, bezwecken? Auf was wollen Sie hinaus?

HEILIGER JOSEF
Na ja, Sie schlagen hier auf mit einer Bitte Ihrer Mutter, obwohl Sie selbst nichts glauben. Haben Sie sich jemals von ihr lösen können? Emanzipieren können von ihr?

SUZI
Also, wenn Sie mir so kommen – natürlich! Deshalb bin ich zum Beispiel ungläubig. Und so souverän, zu Ihnen zu kommen, weil ich nicht mehr gegen sie rebellieren muss, sondern ihr einfach einen Gefallen tue.

HEILIGER JOSEF (grinst)
Punktsieg für Sie!

MB
Mir wird das jetzt zu unpragmatisch. Kriegen wir nun eine Heilige oder einen Heiligen oder nicht?

HEILIGER JOSEF
Auf die Schnelle weiß ich da nicht …

SUZI
Und wenn wir einfach eine Kombi machen? Also zum Beispiel eine heilige MOSA? Das wären einfach die heilige Monika und die heilige Susanna. Es können ja auch immer zwei Heilige für eine Sache zuständig sein, wie bei den Nutten beispielsweise.

MB (begeistert)
Ich finde, SAMO klingt besser!

HEILIGER JOSEF (streng)
Also, jetzt mischen Sie sich aber schon sehr in unsere Angelegenheiten ein. Ich nehme ja gerne Bitten entgegen, aber so was würde alles durcheinanderwirbeln. Wie sollte ich das denn ganz oben vertreten? Da sind zwei Frauen auf mich zugekommen und haben gefordert, zwei einzelne Schutzheilige zu einem Patronatsduo zu machen? Also, das geht zu weit.

SUZI
Ja schade, wenn Sie meinen … Hätte vielleicht aber neuen Schwung in Ihren Laden gebracht.

HEILIGER JOSEF
Wir sind eine konservative Institution mit echten Werten und keine Marketingagentur.

MB
Bevor wir uns jetzt noch streiten wie so viele über Glauben, Aberglauben und Konservatives, schlage ich vor, wir beenden das Gespräch jetzt lieber.

SUZI
Das Problem meiner Mama ist damit aber noch nicht gelöst! Was soll ich ihr denn nun sagen?

HEILIGER JOSEF
Lasst mal! Das mach ich noch mit ihr aus: Sie soll mich anrufen, und dann sag ich ihr, dass ihr zwei gar keinen extra Schutzpatron braucht, sondern mit euren natürlichen Heiligen schon ganz gut klarkommt. Und bevor ihr jetzt fragt: »Anrufen?!« – ich meine ganz altmodisch, nicht zum Handy greifen, sondern beten!

MB
Dann waren wir jetzt ganz vergebens hier …

SUZI
Von wegen! Das war doch ein schönes Gespräch, oder?

HEILIGER JOSEF
Ja! Sehe ich auch so. Schön, dass wir uns mal kennengelernt haben. Und wenn ich ganz ehrlich bin, unter uns: Sie brauchen doch gar keinen Schutzpatron bei einer so offenen und ehrlichen Freundschaft, wie Sie beide sie pflegen. Ihr Geben und Nehmen versetzt Berge, glauben Sie mir!

Auf Leben und Tod,
online und analog

»War der Kurier da? Hast du ein Päckchen für mich?«, fragt Suzi, als sie von der Schule kommt und ich gerade Pasta koche.

»Nein, hier wurde nichts abgegeben! Hast du in den Briefkasten geschaut?«

»Ja, da lag nichts!«

»Vielleicht beim Voss?«

»Dann hätten die da einen Zettel hinterlegt.«

»Diese Kuriere sind aber auch so was von unzuverlässig.«

»Die werden aber auch echt mies bezahlt.«

»Ich weiß, das Thema hatten wir schon. Aber trotzdem ...«

Suzi lässt sich auf den Stuhl fallen, zieht die Jacke aus, kurz darauf zieht sie sie wieder an.

»So, jetzt reicht es mir! Zeitersparnis hin oder her, das wird mir jetzt echt zu blöd.«

»Was meinst du?«, frage ich. Aber typisch Suzi: Sie gibt keine Antwort, sondern verlässt einfach wieder die Wohnung.

Ich ärgere mich. Sie geht einfach, ohne nachzufragen, ob ich jetzt die Pasta gerade nur für mich alleine mache oder für sie mitkoche. Sieht sie nur noch sich? Dabei hatte ich extra ein Rezept rausgesucht, das nach ihrem Geschmack sein dürfte – mit Zucchini. Nein, nein, das ist »assi«, wie meine Kinder sagen würden. Nur weil ein Päckchen nicht angekommen ist, rastet sie so aus? Und bin ich ihre WG-Mutti oder was? Ich koche hier nach ihrem Gusto und wollte sie damit überraschen, und sie rennt einfach weg? Ich bin richtig sauer und gehe erst einmal auf den Balkon, um tief Luft zu holen.

Später werfe ich wütend die Nudeln in den Topf und nehme mir vor, das alles hier künftig auf eine unemotionalere WG-Ebene zu hieven. Da rufe ich doch lieber wieder öfter mal meine Kinder an und kümmere mich wieder mehr um sie, anstatt so fürsorglich zu Suzi zu sein. Wobei … meine erwachsenen Kinder werden für diese Idee wohl nicht so dankbar sein. Die nabeln sich noch ab. Die melden sich zwar noch, wenn sie Rückhalt brauchen. Die haben sogar schon mal gesagt: Seitdem du mit Suzi zusammenwohnst, bist du deutlich entspannter, Mom, und nicht mehr so darauf fixiert, wie es uns gerade geht. Als ob ich eine Glucke wäre! Ha! Ach, die können mich alle mal. Ich esse jetzt alleine meine Zucchinipasta und schreibe dann meinem Mann eine gepfefferte Nachricht, wieso er sich seit drei Tagen nicht mehr gemeldet hat.

Während ich das Nudelwasser abschütte, kommt Suzi wieder in die Küche herein. Freudestrahlend. Mit einer Papiertüte. Sie wirft die Jacke ab und stellt zwei Pastateller auf den Tisch.

»Danke, dass du mit dem Essen noch gewartet hast. Ich hab ja gesehen, dass du was mit Zucchini gemacht hast, wahrscheinlich extra, weil ich die so gerne mag … Ich musste nur eben schnell in den Schreibwarenladen, der macht doch um halb zu.«

Besser kann man mir Ärger oder Wut nicht austreiben – Suzi war ja *doch* aufmerksam, aber hatte offenbar etwas für sie sehr Wichtiges zu erledigen. Als energiegeladenes Bündel, das stets Lösungen sucht, anstatt Probleme zu wälzen, ist sie kurzerhand aktiv geworden, statt hier bei mir zu jammern. Okay. Aber sie hätte trotzdem Bescheid geben können.

Suzi legt Besteck auf und schenkt Getränke ein, während ich noch den Parmesan reibe.

»Hör mal, sag mir doch das nächste Mal bitte, wenn ich gerade Essen mache, wann du gedenkst wieder heimzukommen! Ich war echt sauer, du hast mich einfach stehen lassen!«, erkläre ich.

»Ach, entschuldige!«, meint Suzi. »Hätt ich wirklich machen sollen!«

»Okay, schon gut ...«

Ich denke daran, wie mein Mann eine solche Bitte als Vorwurf begriffen und sich sicherlich nicht sofort entschuldigt hätte. Also, die Kommunikation zwischen Suzi und mir ist jedenfalls wesentlich unkomplizierter.

Als wir gerade zu essen beginnen, klingelt es an der Wohnungstür. Wir verdrehen beide die Augen: Das ist bestimmt der Voss schon wieder.

»Oder doch nicht!«, sagt Suzi, geht zur Tür und öffnet.

Tatsächlich: Ich höre eine weibliche Stimme. »Hab ich gerne für Sie angenommen!« Das muss die Nachbarin aus dem ersten Stock sein.

»Und der blöde Kurier hat nicht mal einen Zettel in den Briefkasten gelegt«, schimpft Suzi.

»Die werden aber auch schlecht bezahlt«, erklärt die Nachbarin. »Und mir macht es wirklich nichts aus, für andere etwas anzunehmen, wenn ich ohnehin daheim bin.«

Seufzend kommt Suzi zurück an den Küchentisch und legt das Päckchen neben die Tüte aus dem Schreibwarenladen.

»So, jetzt hab ich alles doppelt«, erklärt sie und isst weiter. »Leben und Tod.«

»Wie? Was?«

»Zehnmal Geburtstag, zehnmal Trauer. Karten. Kauf ich immer auf Vorrat.«

»Warum?«

»Na ja, ich schreib zu solchen Anlässen immer ganz gerne altmodisch mit der Hand. Da freuen sich die Leute riesig. So eine Mail oder WhatsApp-Nachricht oder einen Facebook-Gruß kann man schnell tippen. Aber wenn da ein Umschlag mit der Post kommt, dann ist das viel persönlicher, und alle freuen sich enorm.«

»Ah, eigentlich eine gute Idee, stimmt, ich hab mich über die Geburtstagskarte von dem Gerhard zuletzt auch total gefreut.«

»Siehst du!«

»Aber warum um Himmels willen gleich auch so viele Trauerkarten? Das klingt ja nicht gerade optimistisch.«

»Das ist realistisch! Ist dir schon mal aufgefallen, wie oft wir mittlerweile kondolieren? Ob jetzt digital oder auf Papier?«

»Hmm …«, überlege ich.

»In unserem Alter sterben die Eltern der Freunde oder die Tanten und Onkel in der weiteren Verwandtschaft. Also, ich brauch die oft. Wie heute zum Kondolieren bei Isolde.«

»Ja, stimmt eigentlich, ist bei mir auch so.«

»Na, wenn das so ist.« Suzi grinst. »Dann kannst du mir ja jeweils die Hälfte abnehmen! Schau dir die Karten mal an. Dann muss ich die online bestellten nicht zurückgeben …«

»Und wieder die schlechte Bezahlung von Kurieren unterstützen …«, grinse ich.

Wir sind uns einig: Wir sollten den lokalen Handel so oder so mehr unterstützen. Es ist ja nicht so sehr die Faulheit, sondern die Zeitersparnis, weshalb wir doch immer mehr online bestellen. Und darüber vergessen wir, dass Einkaufen-Gehen auch ganz schön sein kann. Man trifft auch mal zufällig Leute, kann die Waren direkt sehen und anfassen, und überhaupt wissen wir doch seit Corona zu schätzen, wie toll es ist, die Wohnung einfach mal verlassen zu können.

Suzis Kartenauswahl gefällt mir, und ich übernehme jeweils die Hälfte. Dann beginne ich, einen Nachtisch aus Quark und Beeren zuzubereiten.

Es klingelt. Wir verdrehen die Augen. Das kann jetzt wirklich nur Voss sein.

Suzi springt auf und greift zu ihrer Jacke und Handtasche.

»Was hast du vor?«

Suzi antwortet nicht, sie stürmt aus der Wohnung hinaus, und ich höre sie zu Voss sagen: »Ich muss raus, wir sollten alle mal öfter wieder die Bude verlassen.«

Und weg ist sie. Voss dreht wohl auch um. Die Wohnungstür fällt ins Schloss.

Ich mixe den Quark und die Beeren. Ich gehe auf den Balkon. Ich hole tief Luft. Suzi hat doch gesehen, dass ich gerade die Nachspeise mache. Es darf doch nicht wahr sein: Nach dem, was wir vor einer halben Stunde noch besprochen haben, zieht sie schon wieder die gleiche Nummer ab! Von wegen, die Kommunikation mit Frauen ist einfacher. Sie hat mich einfach wieder stehen lassen, jetzt reicht es endgültig! Ich rufe besser mal meine Kinder an, um zu fragen, wie es ihnen geht, auch wenn die das nervt. Ich greife zum Handy. Da sehe ich eine WhatsApp-Nachricht, deren Vibrieren beim Eingang ich wohl nicht gespürt hatte: »Bin in fünfzehn Minuten wieder da, freu mich auf die Nachspeise! Wollte uns nur den Voss vom Hals schaffen.«

Ich lächle. Ach, Suzi …

Der Berg ruft

Suzi und ich haben uns an diesem Samstag morgens um sechs Uhr aus dem Bett gequält, um eine kleine Bergtour zu machen. Es war Suzis Idee! Nicht meine! Denn sie mag ja eigentlich die Berge und die Hütten nicht so gerne. Aber jetzt bestand sie darauf. Wir haben nur schnell gefrühstückt, die Wanderschuhe angezogen, kleine Rucksäcke gepackt und sind die gute Stunde zu der angepeilten Alpenlandschaft gefahren. Endlich machen wir das, womit wir schon länger geliebäugelt hatten, aber wozu uns wahlweise »die Zeit fehlte« oder wir uns sagten, dass »frau in unserem Alter ja nicht mehr alles machen muss« oder »ein Strandurlaub ja viel erholsamer ist« (aber blöderweise das Meer von München aus etwas weiter entfernt ist) oder »Berghütten doch spießig sind«, oder wir fanden, dass uns »die Ausrüstung und das Outfit mittlerweile fehlen« oder wir doch »in einer Leistungsgesellschaft leben, die sich auch ins Private trägt und von uns fordert, auch am Wochenende noch einen Berg zu besteigen, im wahrsten Sinne des Wortes«, oder »ein Fitnessstudio deutlich zielführender für die Figur ist« oder »Bayern doch auch gesellschaftspolitisch völlig überschätzt ist«.

Sie sehen schon – Suzi und ich waren die vergangenen zwei Wochen hochkreativ im Erfinden von Ausreden, warum eine kleine Bergtour zwar *an sich* eine erstrebenswerte Sache wäre, aber doch nicht wirklich für uns. Bis wir gestern zusammen beschlossen: »Wir haben doch einen an der Klatsche! Wir sind ja wie Teenies – alles haben wollen, aber nichts dafür tun!« Denn natürlich möchten wir unseren Körper mal wieder an der freien

Luft beim Wandern spüren. Wir möchten die Schönheit der Natur genießen. Wir möchten rauskommen und etwas anderes sehen. Wir möchten endlich wieder etwas unternehmen, das wir einfach zu lange sträflich vernachlässigten: »Sieh, das Gute liegt so nah!« Ein Spruch, den unsere Mütter gerne von sich gaben und weshalb wir darauf heute noch rebellisch reagieren, mit über fünfzig!

Gestern um zwanzig Uhr sagte Suzi: »So, jetzt ist Schluss mit dem Quatsch, etwas nicht zu tun, bloß weil es die Mama empfohlen hat! Wir müssen endlich raus aus der Pubertät! Morgen gehen wir wandern, ich such gleich noch eine Strecke. Und dann fahren wir morgen früh los. Spar dir jeden Widerspruch, intellektuell sind wir großartig – aber das bringt uns nicht wirklich weiter. Wir brechen morgen einfach auf, ohne Wenn und Aber!«

Passen meine Wanderschuhe eigentlich noch? Krieg ich davon nicht Blasen an den Füßen? Denn angeblich wachsen ja im Alter nicht nur die Ohren, sondern auch die Füße noch mal. Gibt die alte Karre auf der Strecke nicht den Geist auf? Sollte ich mir nicht zuerst einen neuen Gebrauchten besorgen, ehe wir so ein Abenteuer wagen? Und was ist überhaupt, wenn der Chef eine Mail schickt und mir mitteilt, ich würde das Doppelte meines jetzigen Gehalts bekommen, aber nur, wenn ich mich jetzt sofort bei ihm melde?

Mannomann! Frauofrau! Was denke ich mir eigentlich für hanebüchene Szenarien aus? Als ob der Chef mir heute urplötzlich eine sofort zu beantwortende Mail mit der Ankündigung einer Gehaltsverdoppelung schicken würde! Früher machten wir nachts um eins in der Kneipe aus, am nächsten Morgen in die Alpen zu einer Wanderung zu starten. Heute suche ich fast verzweifelt Auswege, einer Situation zu entkommen, die ich doch eigentlich möchte – endlich mal wieder eine kleine Bergtour machen! Gott sei Dank reißt mich Suzi einfach mit. Wenn ich jetzt noch mal Bedenken äußern würde, käme ich mir echt bescheuert vor. Ich bin doch keine alte Frau, die alle Leichtigkeit verloren hat und nicht mehr spontan sein kann … Ha, dem trotze ich mit allen Mitteln! Ich gehe morgen mit Suzi auf diese Bergtour!

Auf dem Parkplatz am Fuße des Berges bereue ich für einen Moment meinen Entschluss. Suzi hat es sich ja nicht nehmen lassen, die Strecke zu planen. Zwar hat sie im Wanderführer einen Weg der einfachsten Kategorie – gelb – gewählt, aber hier auf dem Schild steht: Dauer acht Stunden! Acht Stunden! Wie soll ich das durchhalten?

»Hör mal, Suzi, das ist viel zu weit, das schaffen wir nie!«
»Papperlapapp!«, entgegnet sie.
»Du kennst dich nicht aus in den Bergen und …«
»Doch! Ich hab das genau durchdacht. Hab jetzt einfach Vertrauen in mich.«
»Das fällt mir gerade nicht leicht! … Und es ist ja auch nicht schlimm, Suzi, jede kann sich mal ein bisschen verkalkulieren.«
»Lass dich überraschen, jetzt gehen wir einfach, einverstanden?«
»Und wenn wir dann zu weit sind, keine Kraft mehr haben und nicht mehr zurückkommen?«
Suzi holt tief Luft und schaut mir fest in die Augen: »Hör mal, Schätzchen, du hast mir einfach zu viel Angst. Hab Vertrauen in dich und deinen Körper. Und in mich. Das ist doch ein Teil des Wanderns – dabei auch ein Stück weit zu sich selbst zu finden.«
Ich beiße mir auf die Zunge. Nein, ich sage jetzt nicht, dass sie früher mal auf einem Wandertag in der Schule umgekehrt ist und gesucht werden musste. Ist sie jetzt schon wieder so verplant? Mit dem Unterschied, dass sie mich jetzt mitreißt, und zwar in den Abgrund.
Ich spüre Wut in mir aufsteigen.

Aber sie verfliegt mit der körperlichen Anstrengung. Und ich sehe die saftig grünen Wiesen mit bunten Blumen. Ich höre das Läuten von Kuhglocken. Ich spüre die Sonne auf der Haut. Ich genieße die Tritte der Freundin vor mir, fast so, als würden sie mir einen Halt geben, mich ermuntern, auch noch mal weiter im Leben aufzusteigen, noch etwas anderes zuzulassen, das ich bisher nicht kannte. Bäume neben uns, ein Bach, der sich den Weg entlangschlängelt. War das ein Murmeltier? Ein pelziges Etwas huscht in den Wald. Wir gehen. Einfach nur gehen. Einen Schritt vor den anderen setzen. Den Körper spüren. Die Gefühle und Gedanken durch den Körper ziehen lassen im Gehen. Ich verliere mich in ein schönes Im-Hier-und Jetzt-Sein. Einfach nur gehen.

Suzi und ich machen eine Pause, eine kleine Brotzeit. Wir setzen uns auf zwei umgefallene Baumstämme. Sogar die quirlige Freundin schweigt offenbar ganz im Hier und Jetzt. Wir sehen, wie der Wind Blätter an Bäumen bewegt, wir hören ein Schaf blöken und spüren das weiche Moos, das auf den Baumstämmen sitzt, auf dem wiederum wir sitzen. Ist das nicht einfach schön?

Halleluja! Bin ich jetzt erzromantisch naturverklärend geworden? Was ist denn hier los?

Moment mal! Wie kann ich denn solch schöne Momente intellektuell in Zweifel ziehen? Ich bin in letzter Zeit entschieden zu selten in der Natur unterwegs gewesen! Das sollte ich dringend ändern! Aber halt! Das hab ich doch gerade geändert!

»Komm!«, sagt Suzi lächelnd, und wir gehen weiter. Ob wir die Strecke schaffen werden? Es wird mir zunehmend egal – ich vergesse es einfach, ich vertraue Suzi, die heute eine Seite an sich zeigt, die ich so noch nicht von ihr kannte. Ich gehe. Einfach nur gehen. Natur, keine Menschen, keine Gespräche, kein Handy, kein Internet – nichts, alles zurück auf null. Vermutlich bilden sich gerade Blasen an den Füßen in den lange ungetragenen Bergschuhen. Ich spüre da was. Aber ich nehme zugleich viel anderes, Schöneres wahr: den Augenblick, in dem ich atme und einfach da bin.

Der Weg macht eine Kurve, ich höre plötzlich viele Menschenstimmen und ein ratterndes Geräusch. Vor uns liegt ein Parkplatz, offenbar ein anderer Zugang oder Wanderweg auf den Berg hinauf. Erst im zweiten Moment erkenne ich: Ah, da ist eine Seilbahn, in deren Gondel Leute einsteigen und sich den Berg hinaufbringen lassen. Suzi ist stehen geblieben und lächelt mich schelmisch an.

»Ach, so war das geplant!«, rufe ich.

Suzi nickt. »Am Anfang soll man das ja nicht übertreiben mit dem Wandern. Das ist echt zu gefährlich. Jetzt fahren wir da hoch!«

Suzi, o Suzi!

Noch bevor ich die Frage stellen kann, beantwortet meine Freundin sie: »Wenn ich dir das vorher gesagt hätte, hättest du viel weniger Kraft in dir gespürt. Stimmt's, oder hab ich recht?«

Die Bahn bringt uns zur Gipfelhütte. Suzi ist wieder ganz die Alte und setzt sich einfach zu einer Männerrunde unseres Alters, ohne zu fragen, ob da für uns zwei noch Platz ist. Wir bestellen Tee und Dampfnudeln, und Suzi schenkt es den angebenden Männern ein. In nur vier Stunden hätten sie den Aufstieg geschafft, erzählen sie. Wie lange wir denn gebraucht hätten?

»Ihr tut mir leid mit eurer Zeitmessung«, sagt Suzi. »Der Weg ist das Ziel. Wir Frauen müssen nicht immer alles als Wettkampf sehen. Höher, weiter, schneller! Wer hat den längsten Schwanz? ... Wir wissen, dass der banale Weg das Ziel ist.«

Die Männer schauen verdutzt und fragen dann, wo denn eigentlich unsere Männer wären – nicht flirtend nett, sondern mit einem abfälligen Unterton, nach dem Motto: »Habt ihr keinen abbekommen und seid deshalb so zickig?«

Suzi läuft erst recht zur Hochform auf und seziert die Truppe. Wo seien denn deren Frauen? Seien sie Singles, und wenn ja, wieso gingen die davon aus, dass anspruchsvolle Frauen übrig gebliebene Männer beachteten? Undsoweiterundsofort ... Begeistert lausche ich der Chuzpe der Freundin und spüre den Wind durch meine Haare wehen. Ich lausche ein paar Singvögeln und rieche den Duft einer vorbeigetragenen Dampfnudel samt Vanillesoße. Und majestätisch zeigt sich die Alpenkulisse.

Die Männer brechen auf, und ein nettes Paar setzt sich zu uns, mit dem wir uns angeregt unterhalten.

»Weißt du was?«, meint Suzi plötzlich. »Wollen wir, statt mit der Gondel runterzufahren, zu Fuß gehen?«

Das Paar neben uns weiß, dass der Abstieg einfach ist, zwei Stunden.

Ich stimme zu. Und wir brechen auf.

Wir gehen. Einfach nur gehen und die Luft, den Körper und die Schönheit der Natur genießen.

Daheim finde ich eine Mail vom Chef, acht Stunden zu spät. Wenn ich heute noch schnell diesen Text bis achtzehn Uhr schreiben könnte, bekäme ich eine Extrazulage. Mir sind also vierhundert Euro durch die Lappen gegangen. Aber nach so einem schönen Tag sehe ich alles positiv. Was sind schon vierhundert Euro! Er hätte mir ja auch eine Mail schicken können, in der er anbietet, mein Gehalt zu verdoppeln ...

Omas Suppenküche

Jannik hat schon alles vorbereitet!«

Voss aus dem Erdgeschoss hat geklingelt und steht mit einem jungen Kerl an seiner Seite an unserer Wohnungstüre, um das zu verkünden. In seiner Hand: eine Flasche Wein.

»Ähm, was hat Jannik vorbereitet?«, frage ich. Und bitte die zwei höchst unhöflich *nicht* herein – nach einem langen Arbeitstag wollte ich heute Abend in Ruhe Musik hören und die Beine hochlegen, um endlich mal richtig abzuschalten. Aber wenn Volker mit einer Flasche Wein und noch dazu mit einem Bekannten oder Freund bei uns aufkreuzt, heißt das: Unter zwei Stunden Unterhaltungen geht hier gar nix.

»Er hat alles für Suzi vorbereitet! Auf meine Jungs ist Verlass!«, lächelt Volker geheimnisvoll. »Ist sie da?«

»Ja«, antworte ich wahrheitsgemäß und bitte beide nun doch mit einer halbherzigen Geste herein. Na gut. Heute muss ihn Suzi abwimmeln oder den Besuch übernehmen, egal was. Ich werde heute eine neue Einspielung meiner Lieblingssinfonie hören, worauf ich mich schon den ganzen Tag gefreut habe! Oder nur die englischen Charts – egal. Hauptsache, mich in die Musik fallen lassen.

Volker und der etwa zwanzigjährige Jannik im Schlepptau treten ein und lassen sich am Küchentisch nieder. Ganz selbstverständlich holt Volker den Korkenzieher aus unserer Küchenschublade, nimmt die Weingläser aus dem Regal und öffnet die Flasche mit einer Bemerkung über den Jahrgang und das Besondere dieser Trauben. Aus Janniks Blick glaube ich zu schließen, dass er dies ziemlich cool findet, aber was geht mich das an? Ja, überhaupt. Ich rufe noch mal laut ins Zimmer zu Suzi: »Besuch für dich ist da!«

Suzi taucht auf und begrüßt Volker und Jannik freudig. »Entschuldigung, ich hatte euch nicht gehört! Jannik! Toll, dass du da bist, ich hab mir schon so viele Gedanken gemacht. So eine Website braucht ja heute jedes Geschäft.«

Ah, es geht also um die Gestaltung des Internetauftritts von »Omas Suppenküche«, wie Suzi ihren Laden nun nennen möchte. Und dieser Jannik ist wohl der junge Kerl von Volkers »Klientel«, entweder ein Ex-Knasti oder ein mittlerweile cleaner Junkie, der solche Seiten gestaltet. Jannik grinst zu Suzis Aussage – für seine Generation ist eine Website zu einem Laden so selbstverständlich wie ein Telefonanschluss einst für uns ältere Generation. Er findet es offenbar lustig, dass Suzi das überhaupt erwähnt.

Aber wie auch immer: Wunderbar! Die haben zu arbeiten, und ich kann mich zurückziehen, so wie ich es geplant hatte. Ich setze mir noch einen Tee auf, verziehe mich damit ins Wohnzimmer und lass die mal machen, ohne mich irgendwie gesellschaftlich verpflichtet zu fühlen. Das ist das Schöne an einer WG – als Paar ist man oder vielmehr frau ja doch immer irgendwie mit drin, wenn Besuch kommt. Als WG macht jede ihr Ding, auch mit Besuchen, und ich kann mich einfach in die Badewanne legen, Musik hören oder ein Buch lesen.

Aus der Küche höre ich dabei Debatten, Lachen, Diskussionen, dann jemanden hektisch die Wohnung verlassen und kurz darauf ein Klingeln (kann nur Volker sein, weil der Wein ausgegangen ist und er aus seiner Wohnung eine neue Flasche geholt hat).

Alles gut, ich bin zufrieden. Aber jetzt sollte ich echt mal ins

Bett. Wenn die noch länger machen, sollen sie mal. Bei mir rächt sich nicht nur jedes Glas Wein am nächsten Morgen, sondern mittlerweile auch jede Minute (nicht mal Stunde!), die ich in der Nacht zu wenig geschlafen habe.

Ich schlurfe ins Badezimmer und vergesse ausnahmsweise mal die Nachtcreme nicht.

Es wird plötzlich verdächtig still. So als hätte jemand einfach den Ton abgestellt. Sind die jetzt alle plötzlich auch vernünftig geworden und gehen ins Bett?

Als ich die Küche betrete, um die Teetasse abzustellen, sitzt Suzi alleine am Tisch und starrt fassungslos vor sich hin.

»Was ist los?«, frage ich.

»Ich hab die rausgeworfen. So geht das alles nicht«, erklärt sie.

»Wie? Was? Was ist passiert? Sind die aufdringlich geworden oder unverschämt?«

»Nein, überhaupt nicht!«

»Ja, was denn dann?«

»Mein ganzer Plan geht nicht auf!«

»Die Website?«

»Nein, der ganze Laden!«

»Also, das musst du mir jetzt erklären! Ist doch was passiert?«

Suzi atmet flach und schnell. »Weißt du, was der Jannik gesagt hat? Und der Volker hat auch noch dazu gegrinst und genickt. ›Das ist richtig authentisch, wenn so 'ne Oma wie du einen Laden wie ›Omas Suppenküche‹ aufmacht.‹«

Ähm? Was meint sie?

Fragend sehe ich sie an.

»Ich bin doch keine Oma!«, bricht es aus Suzi heraus. Ihre Augen füllen sich mit Tränen.

»Mensch, Suzi, das sagen die Jungen so, mein Sohn hat auch schon mal von einer Frau erzählt, die so um die vierzig war, und sie ›Oma‹ genannt«, versuche ich sie zu trösten.

»Kann ja sein, mag ja sein, aber wenn ich den Laden so nenne, dann stemple ich mich selbst zum alten Eisen ab, zur Oma!«

»Nur wenn du selbst das so siehst«, entgegne ich.

»Nein!«, widerspricht Suzi. »Ich hab immer gemeint, das ist ein ironisches Zitat, dass ich einen Laden mit dem Namen ›Omas Suppenküche‹ führe, also, dass es lustig ist, dass eine jüngere Frau wie ich ihr Geschäft so nennt. Aber die anderen nehmen das wortwörtlich! Die sehen mich schon als das, was ich wirklich bin: eine alte Oma.«

Ich streichle ihr über die Schulter. »Jetzt trenn mal deinen Businessplan von der leidigen Tatsache, mit der wir privat zu kämpfen haben, bald eine Sechs vor der Altersangabe zu haben.«

Suzi richtet sich auf, und ihre Augen funkeln plötzlich. Sie springt auf und ruft: »Ja!«

Sie sieht auf die Uhr und beschließt, dass sie jetzt noch mal schnell zu Volker runtergehen kann und vielleicht auch noch Jannik dort trifft, denn die Lösung sei ganz einfach: Wenn schon alt, dann richtig. Wenn sie selbst jetzt als Oma gelte, dann müsse sie einfach den Generationenbegriff hochschrauben.

Ähm? Wie meinen?

»Na, dann nenne ich den Laden einfach ›Urgroßmutters Suppenküche‹!«

Sagt sie und stürmt nach unten.

Ich mache mich auf in Richtung Bett, um niemandem mehr zu begegnen, und schlafe mit der Gewissheit ein, dass alles nur eine Frage der Perspektive ist, auch des Alters.

Wie verhext!

Zu einer Zeit, als das Wünschen noch geholfen hat, lebten zwei arme Frauen in einer kleinen Hütte zusammen und verstanden sich wohl. Die Freundinnen teilten sich die Hausarbeit auf und halfen sich gegenseitig. Wenn eine krank war, holte die andere für sie Brennholz aus dem Wald. Wenn die andere krank war, holte die Freundin für sie die Beeren. Ab und zu kamen Wanderer vorbei, und die zwei Frauen bewirteten sie gastfreundlich. Manch Wanderer hätte eine der beiden heiraten wollen, aber die zwei Frauen verliebten sich nicht und waren zufrieden mit ihrem Leben.

Das gefiel der bösen Hexe nicht. »Warum muss ich selbst mit so einem Giftzwerg verheiratet sein und ihn ertragen, und die leben so fröhlich zusammen?«, schimpfte die Hexe und schlich um die Hütte herum, um sie zu verhexen.

Am nächsten Tag funktionierte der Backofen in der Hütte nicht mehr.

Am Tag darauf zerbrach das Waschbrett.

Wieder einen Tag später fielen die guten Teller aus dem Küchenschrank.

Noch einen Tag später heizte der Ofen nicht mehr.

Und wieder einen Tag später ließ sich die Türe zur Hütte nicht mehr verschließen, und während die Frauen draußen Beeren suchten, fraß ein wildes Tier die Essensvorräte auf.

Als die beiden Frauen das sahen, setzten sie sich weinend auf die Bank und sagten: »Das ist doch wie verhext!«

Da kam ein Wanderer vorbei, den sie schon viele Male gastfreundlich empfangen hatten, fragte, warum sie denn weinten, und reparierte flugs den Backofen, das Waschbrett, den Ofen und die Tür. Er verabschiedete sich kurz, um ihnen neue Essensvorräte zu bringen, und die Frauen fragten sich, ob sie nicht doch heiraten und mit einem Mann zusammenleben sollten.

Doch die ruhigere der beiden widersprach: »Männer reparieren für Ehefrauen niemals so schnell irgendwas, nur für andere Frauen.«

Die quirligere sprang auf und rief: »Das ist nicht nur wie verhext, wahrscheinlich sind wir sogar wirklich verhext worden, von der bösen Alten, die mit einem Giftzwerg lebt und es uns nicht gönnt, welchen Frieden wir hier haben!«

Da kam der Wanderer zurück und brachte nicht nur neue Essensvorräte, sondern übergab den beiden Frauen Gold und Geschmeide, denn er war ein Königssohn, der gerne unerkannt geblieben war und so schöne Abende bei ihnen in der Hütte verbracht hatte und sich nun dankbar zeigen wollte.

Die beiden Frauen weinten vor Freude. Sie kochten dem Königssohn einen Eintopf mit Fleisch und feierten bis tief in die Nacht hinein mit ihm. Und wenn sie nicht gestorben sind, dann leben die beiden heute noch fröhlich unbemannt.

Silber ist Gold

Endlich hab ich eins gefunden!«, ruft Suzi, die gerade aus dem Drogeriemarkt zurückkommt und von der Wohnungstür sofort ins Bad verschwindet.

Ich weiß gar nicht, was sie gesucht hat. Ach, Suzi ...

Fünf Minuten später kommt sie wieder aus dem Bad – und mir fällt vor Verblüffung fast die Kaffeetasse aus der Hand.

Suzi hat plötzlich komplett graue Haare und grinst mich an.

Was ist denn da los? Sonst achtet die Freundin penibel darauf, dass der graue Haaransatz regelmäßig wieder seine ursprüngliche, jugendliche Farbe erhält. Alle vier Wochen geht sie deshalb zum Friseur. Sie färbt noch nicht mal selbst, damit es auch wirklich gut aussieht und alles richtig abgedeckt ist. Und sie hat mir schon drei Mal erzählt, dass das Schließen der Friseurläden im Lockdown für sie der absolute Super-GAU gewesen sei.

»Da staunst du, was?«, fragt Suzi, und ich nicke.

»Also, warum? Und bitte, Suzi, sag es mir gleich und spanne mich nicht lange auf die Folter.«

»Schade«, scherzt Suzi, »ich hätte dir so gerne die Langfassung erzählt!«

»Also? Ich höre ...«

»Ich mach mich jetzt älter!«

»Das sehe ich.« Also doch die Langfassung. Manchmal glaub ich, Suzi kann gar nicht anders, als alles ganz genau zu schildern. Das muss irgendwie in ihrer DNA angelegt sein.

»So wie damals, als wir in die Disco reinwollten und steif und fest behauptet haben, schon achtzehn zu sein, so lange, bis sie uns schließlich ohne Personalausweiszeigen reingelassen haben.«

Mir fällt ein, wie ich sie provozieren könnte, vielleicht krieg ich dann ja schneller des Rätsels Lösung. »Und wo willst du jetzt hin?«, frage ich, »auf den Friedhof?«

Suzi lacht. »Fast! Die Eltern meines Schwiegersohns haben mich zu ihrem vierzigsten Hochzeitstag eingeladen. Und bei denen hat man immer das Gefühl, die leben wie lebendig begraben. Im Vergleich zu denen ist ein normaler Rentner ein Feuerwerk an Ideen, Flexibilität und Humor.«

»Und deshalb färbst du dir dazu passend die Haare grau? Bist du ein Chamäleon?«

Suzi lacht schon wieder.

»Also gut, ich hab dich schon wieder zu lange auf die Folter gespannt: Nein, ich hab mich nicht in ein Chamäleon verwandelt, sondern nur in eine alte Frau. Das brauch ich für die Bahn.«

»Hä?«

»Für ein Seniorenticket!«

»Seit wann ist das an graue Haare gekoppelt?«

Suzi grinst. »Die Bahnfahrt nach Hamburg ist teuer. Und das letzte Mal am Schalter hab ich beobachtet, wie die Frau vor mir ein Seniorenticket bekam, obwohl sie ihren Personalausweis vergessen hatte. Gut, die sah schon wie siebzig aus. Aber ich hab heute auch extra noch keine Tagescreme verwendet. Hab ich nicht auch ein wenig mehr Falten heute?«

Suzi streckt mir ihren Kopf hin.

»Also, ich sehe da keinen Unterschied. Aber die grauen Haare, ja, die machen dich deutlich älter. Vielleicht solltest du dir noch den Rollator ausleihen von Frau Müller aus dem fünften Stock. Der steht da immer vor ihrer Tür.«

»Gute Idee!«, ruft Suzi. Und weg ist sie.

Als sie später wieder heimkommt, berichtet sie ganz ohne Spannungsfolter. Ja, es hätte auf Anhieb geklappt mit dem Ticket. Aber sie hätte ein ganz schlechtes Gewissen bekommen, nicht wegen der Bahn, die ihr gehörig auf die Nerven geht. Aber andere könnten sich das noch weniger leisten. So wie Frau Müller. Sie sei kurz bei ihr in der Wohnung gewesen, und bei der alten Dame hätte es arg ärmlich ausgesehen. Spartanisch sei die Einrichtung geradezu gewesen. Und im Obstkorb: nichts! Weshalb Frau Müller sie gebeten hätte, ob sie ihr nicht bitte ein wenig frisches Obst mitbringen könne für die Leihgabe. Und daraufhin hat sie das durch das Seniorenticket eingesparte Geld komplett in Lebensmittel für Frau Müller investiert. Obst, feine Schokolade etc. und eine richtig gute Flasche Wein dazu. Frau Müller hätte sich auch wahnsinnig gefreut, weil sie selbst ja nicht mehr so leicht einkaufen gehen könne. Und die nette Dame hätte ihr das alles noch bezahlen wollen, aber sie habe sich strikt geweigert.

Ich grinse. »Setz dich hin, Suzi«, fordere ich sie auf und spanne sie jetzt auch ein klein wenig auf die Folter, ehe ich ihr verrate: »Frau Müller ist zwar alt und gebrechlich, aber sie ist Multimillionärin. Sie besitzt mehrere Häuser am Starnberger See und sogar zwei Jachten. Sie steht halt nur auf einen spartanischen Stil in der Wohnung und im Leben.«

Eheringe lügen nicht

Wollen wir nicht heute Abend zum See radeln und dort ein Picknick machen?«, schlägt Suzi vor, und ich bin sofort dabei. Endlich mal wieder ein wärmerer Tag, noch mal raus aus der Bude und am Wasser weilen. Um diese Jahreszeit ist es dort auch nicht überlaufen, und außerdem liegt dieser See zu einem großen Teil in einem schönen Wäldchen. Das verspricht einen schönen Tagesausklang in der Natur.

Suzi und ich pressen frischen Saft, kochen Eier und raspeln Gemüse zu einem Salat. Ich besorge noch schnell Hummus, Zaziki, einen scharfen Paprika-Käse-Brotaufstrich und frisches Weißbrot vom Türken um die Ecke. Suzi zaubert derweil aus irgendeiner Schokocreme und Joghurt eine Nachspeise. Wir packen alles in Becherl sowie Käse, Wurst und Obst dazu – und auch eine Flasche Wein nehmen wir mal mit. Wann habe ich zuletzt außerhalb der Badesaison abends ein Picknick am See gemacht? An diese Möglichkeit hatte ich überhaupt nicht mehr gedacht – und freue mich jetzt umso mehr darauf. Kann es sein, dass in meinem persönlichen Universum schwarze Löcher entstanden sind, die in einem Sog alle Erinnerungen an Aktivitäten verschluckt haben, die früher einmal Spaß gemacht haben? Obwohl … nein … diese Löcher müssen im Gehirn jenseits der fünfzig liegen. Oder nein … noch schlimmer: Ich bin gar nicht mehr auf die Idee gekommen, wie viel Spaß mir das macht, weil mein Mann Picknick immer blöd fand – wozu draußen essen, das ginge doch daheim ebenso gut. Vielleicht ist mein Mann bescheuert – aber ich bin es noch viel mehr. Wieso habe ich dann nicht einfach mal ein Essen mit Freundinnen am See gemacht? Egal – jetzt hier und heute freue ich mich jedenfalls auf diesen Ausflug.

Suzi und ich packen den Proviant in Taschen und die Decke und den Wein in einen Rucksack. Heiter gehen wir in den Hinterhof, um unsere Räder zu holen und alles in den Fahrradkörben zu verstauen. Doch Suzis Fahrrad findet sich nicht.

»Bist du dir sicher, dass du es hier auch abgestellt hast?«, frage ich.

»Ja, absolut!« Suzi überlegt noch einmal, dann aber schüttelt sie den Kopf. »Das war genau vor einer Woche, weil ich sogar noch überlegt habe, ob ich mir nicht notiere, wo es steht … du weißt schon, Altersvergesslichkeit! Wer das nicht zugibt, ist nicht fähig zur Selbstironie.« Suzi grinst bittersüß.

»Ist der Rahmen wirklich lila?«

»Natürlich! Wahrnehmungsstörungen habe ich zwar schon immer in Bezug auf Männer gehabt, aber nie bei Fahrrädern!«

»Vielleicht wurde es gestohlen?«

»Das war ein ganz billiges Fahrrad vom Flohmarkt, wer klaut denn das?«

»Es wurden auch schon alte Mütterlein für zehn Euro umgebracht!«

Während wir überlegen, ob wir nicht mit dem Auto zum See fahren sollten, obwohl das den Genuss mindestens um die Hälfte schmälern würde, taucht Voss plötzlich auf und fragt freundlich: »Habt ihr ein Problem? Meine Frau und ich haben euch von der Wohnung aus gesehen.«

»Na ja, nicht gravierend!«, entgegne ich, um ihn vorsorglich abzuwimmeln. Sonst will der am Ende noch mit zum Picknick.

»Doch!«, meint Suzi, »wir haben ein Fahrradproblem«.

»Das hat auch meine Frau vermutet und gesagt, ihr könnt euch gerne ihres ausleihen!«

»Danke!«, ruft Suzi begeistert.

»Wenn Voss auftaucht, gibt es keine Probleme mehr, nur noch Lösungen!«, grinst er. »Außer wenn er abends mit unangekündigten Besuchen nervt!«

Suzi und ich müssen laut lachen und rufen beide gleichzeitig »Ja!« Prima! Danke! Der Abend ist damit gerettet, auch wenn die Angebotsannahme wohl unzweifelhaft mehrere Voss-Besuche nach sich ziehen wird, in denen er über unfähige Politiker an sich und Nachbarschaftshilfe monologisieren wird und wir ihn nicht abwimmeln können, weil er jetzt ja so einnehmend und hilfsbereit gewesen ist. Aber ganz egal – wir wollen heute noch einen schönen Abend verbringen – also steigt Suzi auf das graue Fahrrad von Voss' Frau, und wir brechen auf.

Aber Suzi wäre nicht Suzi, wenn ihr Karma nach so einer Ärgerlichkeit plötzlich stillhalten würde. Kurz bevor wir am Seeufer ankommen, hat das Fahrrad von Voss' Frau – tusch! – einen Platten.

»Es darf ja nicht wahr sein!«, ruft Suzi und beginnt zu fluchen.

Wir stellen das Fahrrad auf den Kopf. Ich habe am Sattel Flickzeug dabei, das müssten wir eigentlich hinkriegen. Wir nehmen den Mantel des Reifens ab und suchen, aber wir finden kein Loch. Wir pumpen den Schlauch noch mal auf und halten ihn im See unter Wasser, doch auch dabei blubbert es nicht aus einer undichten Stelle heraus. Und dennoch leert sich der Schlauch.

Jugendliche und ein altes Paar ziehen vorbei, andere Radler umrunden das Gewässer, und eine Mutter versucht ihr Kleinkind davon abzuhalten, einer Ente in den See zu folgen. Suzi setzt gerade an zu sagen: »Also, mir fällt jetzt nichts mehr weiter ein, hast du eine Idee?«, da tauchen zwei gar nicht so unattraktive, gepflegte Männer in unserem Alter auf und fragen freundlich: »Können wir behilflich sein?«

Es toben zwei Seelen in meiner Brust – einerseits möchte ich hier und heute mit Suzi einfach möglichst schnell noch einen schönen Abend verbringen, andererseits geht es mir mehr als gegen den Strich, von Männern technische Hilfe bei Autos oder Fahrrädern anzunehmen. Bin ich eine Tussi, die am Straßenrand mit dem Wagen liegen bleibt und einen Autoreifen nicht wechseln kann? Meine Mutter traute sich, obwohl sie einen Führerschein hatte, nie Auto zu fahren – und seitdem ich mit sechzehn Jahren zum ersten Mal lila Latzhosen anzog, schwor ich mir: Nein, so was kannst du, so was lernst du, mit so was machst du dich nie von Männern abhängig. Ich lernte den Ölstand zu messen, einfache Steckdosen auszuwechseln und eine Bohrmaschine zu bedienen. Gut, als ich es konnte, überließ ich viel davon dann auch wieder meinem Mann. Aber erst einmal musste ich wissen, selbst dazu in der Lage zu sein. Ganz nach dem Motto der Erzieherinnen, die seinerzeit zum Thema Schuheanziehen sagten: »Wenn die Kinder das selbst können, dann kannst du es ihnen auch wieder abnehmen. Aber erst wenn sie es selbst beherrschen!«

Ich verkneife mir, anzumerken, dass sie *ihr* helfen, nicht *uns*, denn mein Fahrrad ist in einem guten Zustand. Vor drei Jahren habe ich es mir gekauft, in einem Fahrradladen und nicht auf dem Flohmarkt, und die Investition hat sich rentiert. Ich warte es regelmäßig, öle die Kette, überprüfe die Bremsen, und wenn ich etwas nicht selbst hinkriege, bringe ich es in den Fahrradladen, wo man mir ganz günstig kompliziertere Arbeiten abnimmt. Einen einfachen Platten kann ich selbst flicken, aber wenn die Gangschaltung nicht mehr richtig funktioniert, bin ich nicht mehr bereit, mich über Stunden einzulesen oder YouTube-Videos dazu anzusehen – dann erledigen das die Profis. Früher wäre das eben unter meiner Ehre gewesen, denn so was muss frau doch selbst können! Aber jetzt spare ich mir die Nerven und die Zeit und bezahle lieber dafür. Eine der besten Begleiterscheinungen des Älterwerdens ist die Fähigkeit, simple Kosten-Nutzen-Rechnungen aufzustellen und auch Dinge zu delegieren, die Frauen unbedingt selbst können wollen … Aber fremden Männern das überlassen?

Meine Gedanken verpuffen aber sofort im Nichts, denn Suzi ruft den Kerlen zu: »Ja! Danke! Sie retten uns!« Der Mann mit dem rasierten Kopfhaar und Bauchansatz und der schlanke Typ mit Locken inspizieren das Fahrrad. Beide tragen einen Ehering.
»Da ist nichts zu finden«, erklärt der Lockenkopf schließlich. »Wir wohnen ganz in der Nähe, ich hole eben mein Pannenspray«, sagt er. Und weg ist er.
Uns bleibt nun gar nichts anderes übrig, als den Glatzkopf schon mal dazu einzuladen, sich mit uns auf die Decke zu setzen. Hoffentlich packt Suzi nicht auch gleich schon unser Picknick aus und lädt den Kerl – der eigentlich gar nicht so übel aussieht und charmant das Ausbreiten der Decke übernimmt – zum Essen und Trinken ein. Ach was! Ehe ich diesen Gedanken noch zu Ende denke, hat Suzi die Einladung schon ausgesprochen.
Der Mann stellt sich als Robert vor und verteilt mit uns Essen und Getränke auf der Picknickdecke, wobei er anmerkt, dass die Servietten farblich gut zur Decke passen. Das war mir noch gar nicht aufgefallen! Er schmunzelt: »Ich bin gelernter Schaufenstergestalter!« Und mit einem Leuchten in den Augen erzählt er davon, wie lange er beispielsweise passende Kissen für das heimische Sofa und zwei dazu wiederum passende Vasen gesucht hätte. Er gibt uns Tipps, welche Onlinehändler die schönsten Designobjekte verkaufen – und zeigt uns ein Bild seines Wohnzimmers auf dem Handy – tatsächlich, das sieht schon bemerkenswert aus! Seine Frau kann sich glücklich schätzen. Wenn es um Deko geht, leben mein Mann und ich in Paralleluniversen,

was regelmäßig zur Diskussion führt, was wichtiger ist – Design oder Funktionalität. Und natürlich ist meinem Mann die Gebrauchsfähigkeit immer unglaublich viel wichtiger, sodass nicht ein schönes Sofa gekauft wurde, sondern eins, in dem man unten auch noch Stauraum hat.

Der andere Mann, der sich als Michael vorstellt, kommt mit Spray zurück und pumpt damit den Reifen auf. Suzi ist ganz begeistert: »Ihr seid so lieb! Tausend Dank!« Und ehe Michael sichs versieht, hat sie ihm einen Kuss auf die Wange gedrückt.

Was ist denn in Suzi gefahren? Macht sie jetzt auf Alterstussi? Hat sie nicht gesehen, dass beide einen Ehering tragen?

Und als hätte Suzi meine Gedanken erraten, erwähnt sie kurz darauf, dass beide ja wirklich schöne Eheringe tragen würden. Zwar im Design etwas verschieden, aber doch deutlich erkennbar in der Zusammengehörigkeit. Stolz zeigen die Männer ihre Hände – und jetzt frag ich mich, wie blöd ich eigentlich bin! Die sind ein Schwulenpaar! Was Suzi offenbar sofort erkannt hatte!

Wir verbringen einen wunderbar plaudernden Abend mit Robert und Michael, der uns sein Spray auch noch für den Rückweg schenkt. Auf dem Heimweg erklärt Suzi: »Früher ging es mir völlig gegen den Strich, Hilfe von fremden Männern anzunehmen. Aber meine innerliche Alters-Kosten-Nutzung-Rechnung sagt mir mittlerweile, dass ich das darf. Und als ich gesehen habe, dass die schwul sind – da war das sowieso keine Überlegung mehr wert!«

Ohne Einbruch
kein Aufbruch

Seit ein paar Tagen ist es hier irgendwie seltsam. Wenn Suzi aus ihrem Zimmer auftaucht, dann nur kurz, um zu duschen, sich einen Kaffee zu kochen oder irgendwas zu essen, ohne groß zu reden. Sie hat mir gezeigt, was für einen Berg an Lernstoff sie in sich reinpressen muss, also frage ich da auch nicht nach, ob alles stimmt – das kann ich mir ja selbst zusammenreimen, dass sie gerade unter Druck steht, was soll ich da blöd nachhaken?

Suzi hat über die Hälfte ihrer Fortbildung geschafft, muss nun für Prüfungen lernen und hat deshalb zwei Wochen keinen Unterricht. Genau genommen büffelt sie für eine Arbeit in einem Büro, in das sie gar nicht mehr gehen will. Aber sie tut es dennoch, weil sie sich von den »Beschulungen«, wie sie selbst sagt, Qualifikationen dafür erhofft, sich letztlich kompetenter selbstständig machen zu können, vor allem durch die Buchhaltungseinheiten. Da ihr Arbeitgeber diese Kurse bezahlt, auch wenn er ihr die Hälfte des Lohns dafür gestrichen hat, will Suzi diese absolvieren, denn sie werde sie sicher für die Suppenküche nutzen können und damit den Laden auf professionelle Beine stellen können. Nach den ersten begeisterten Planungen dazu habe ich aber eigentlich schon lange nichts mehr von ihrem Vorhaben gehört, fällt mir jetzt auf. Aber, na klar – parallel zum Lernen eine Geschäftseröffnung zu planen kostet viel Energie. Da macht sie wohl lieber eins nach dem anderen. Ich bewundere sie ohnehin – also, ich würde mich mit Ende fünfzig nicht mehr trauen, mich beruflich so neu aufzustellen. Aber ich bin auch nicht das Energiebündel Suzi – wobei der Begriff »Energiebündel« seit ein paar Tagen gar nicht mehr auf sie zutrifft.

Noch ein paar Tage später sagt mir aber mein Bauchgefühl: Jetzt musst du als gute Freundin nachhaken. Irgendwas stimmt da ganz und gar nicht. Das Badezimmer ist morgens plötzlich immer frei. Und abends weist Suzi Voss im Nachthemd von der Tür mit der Bemerkung ab, sie müsse lernen (und nur Voss glaubt, sie wäre schon in Schlafklamotten, dabei hat sie sich den ganzen Tag gar nicht erst angezogen). Suzi reagiert nicht auf Nachrichten unserer gemeinsamen WhatsApp-Gruppen, sie bittet mich um Besorgungen und starrt zum Teil abwesend vor sich hin, wenn sie in der Küche ihren Kaffee schlürft. Nur der Schokoladenvorrat ist morgens oft wie vom Erdboden verschluckt.

»Sag mal, Suzi, geht's dir nicht so gut?«, frage ich, als sie mittags im Nachthemd in der Küche auftaucht, kurz ein »Guten Morgen« herauspresst und sich danach schweigend Kaffee aufsetzt.

Suzi nickt, ohne etwas dazu zu sagen.

»Kann ich etwas für dich tun?«, frage ich.

Suzi schüttelt den Kopf.

»Was ist denn los?«

Suzi zuckt mit den Schultern und lässt sich auf den Küchenstuhl fallen. Sie starrt vor sich hin.

»Also ganz ehrlich: Du wirkst deprimiert.«

Sie schaut mich an: »Das ist doch alles sinnlos!«

»Wie? Alles?«

»In meinem Alter noch mal neu starten wollen, so ein Quatsch! Wie viele Geschäfte sind schon gleich nach Gründung wieder eingegangen. Und dann sitzt du mit einem Haufen Schulden ohne den alten Job da. Ich sollte die Weiterbildung einfach fertig machen und im Architekturbüro bleiben.«

»Na, wenn du meinst. Das ist deine Entscheidung. Auch wenn ich es schade fände.«

»Das Problem ist bloß, da werde ich unglücklich.«

»Du musst halt abwägen.«

»Als ob ich das nicht wüsste!«, pflaumt mich Suzi an, nimmt ihren Kaffee und dampft damit in ihr Zimmer ab.

Puh! Was geht sie mich so an, als hätte ich sie beleidigt? Ich atme tief durch. Aber hat Kikki nicht mal erwähnt, dass deprimierte Menschen oft auch aggressiv werden? Kikki! Ja, Kikki! Unsere gemeinsame Freundin ist Psychologin. Wer, wenn nicht sie, könnte jetzt vielleicht hilfreich sein!

Ich schreibe sie sofort an, ob sie nicht vorbeikommen kann, weil es Suzi offenbar gar nicht gut geht.

»Ich würd sofort kommen, und zwar als Freundin, nicht als Psychologin, denn es wird viel zu viel pathologisiert! Aber ich bin in Prag!«

Hm. Wie kann *ich* Suzi helfen?

»Heldenreise!«, schießt es mir in den Kopf. Das ist doch eine typische Heldenreise, auf der sich Suzi befindet! Die Heldenreise ist eine Grundstruktur, die fast allen Hollywood-Filmen zugrunde liegt.

Der Mythenforscher Joseph Campbell hat die archetypischen Merkmale von Geschichten, in denen Menschen reifen und innerlich oder äußerlich weiterkommen, herausgearbeitet und darin bestimmte Muster erkannt, die mehr oder weniger in jeder Geschichte auftauchen. In der Kurzfassung: Der Held macht sich auf einen neuen Weg. Es kann sein, dass er sich verliebt, einen Mörder sucht oder die Welt retten muss. Oder wie im Falle von Suzi: Sie will aus ihrem alten Job raus und noch einmal neu beruflich starten. Dabei muss der Held verschiedene innere und äußere Hürden nehmen. Er muss gegen seine Angst oder gegen Aliens kämpfen. Alte Verletzungen tauchen auf und müssen neu verarbeitet werden. Der Held strauchelt auch mal und ist verzagt. Die Bewährungsproben gehen bis zu einer entscheidenden Prüfung – meist im Rückzug von dem Alltag. Oder es folgt noch ein offener Kampf mit einem Gegner. Weil er sich auf den Weg bzw. das Abenteuer eingelassen hat und die Hürden zu nehmen wagte, reift der Held zu einer neuen Persönlichkeit – fast immer zu einer stärkeren.

Suzi ist genau auf so einem Weg – und die Bewährungsprobe ist jetzt, die Selbstzweifel zu besiegen. Nein, ich will ihr nicht ausreden, vielleicht doch im alten Job zu bleiben. Aber nachdem ich schon etliche Drehbücher geschrieben habe und mich mit der Heldenreise auskenne, könnte ich sie ja mal auf dieses Strukturmuster hinweisen.

Aber wie komme ich gerade an sie ran?

Ich werde ihr morgen ihre Lieblingspasta kochen und sie einfach freundlich zu einem Gespräch bitten. Suzi hat diese Aufmerksamkeit verdient. Und – auch eine kleine Erkenntnis der Heldenreise – wenn wir uns um andere kümmern und fürsorglich sind, werden wir selbst dafür belohnt mit einem reicheren Empfinden.

Am nächsten Morgen belegt Suzi plötzlich wieder zur ungünstigen Zeit das Bad und kommt schön angezogen wieder heraus. Sie lächelt mich freundlich an: »Entschuldige bitte mein Verhalten gestern, das war ganz schön unfair. Hast du schon gefrühstückt?«

Ich verneine und wundere mich. Was ist denn mit Suzi passiert? Ist da letzte Nacht eine Fee zu ihr gekommen und hat die verzagte Freundin wieder in die alte, energiegeladene, fröhliche Person zurückverzaubert? Oder hat sie einen inneren Drachen im Schlaf besiegt?

»Prima, dann mach ich uns ein Frühstück und überrasche

dich mit einem neuen Rezept, hab nämlich grad endlich mal wieder Rezepte gegoogelt, obwohl ich eigentlich lernen müsste.«

Und zack! Sie eilt in die Küche, und ich höre sie dort werkeln.

Suzi hat Blini mit Quark und Marmelade zubereitet, also russische Pfannkuchen. Das Rezept interessiert mich auch. Aber noch viel mehr, was da mit der Freundin plötzlich passiert ist.

»Kikki hat mich gestern Abend noch angerufen«, erzählt Suzi. »Und mir erklärt, dass ich mich auf einer Heldenreise befinde und deshalb solche Zweifel und Einbrüche ganz normal sind.«

»Heldenreise?!«, rufe ich erstaunt. Wie kommt Kikki dazu, Suzi das zu sagen, was ich hatte sagen wollen?

»Ah, Kikki hat gemeint, dass du sie mal auf das Thema gebracht hat, weil es diese Heldenreise im Film gibt. Und dann hat sie herausgefunden, dass auch Psychologen mit einer veränderten Variante davon arbeiten, und hat sich die Methode angesehen. Tja, und auf mich trifft das irgendwie genau zu. Wie Kikki das erklärt hat, ist mir plötzlich klar geworden, dass dies die Einbrüche sind, ohne die Ausbrüche meist gar nicht stattfinden!«

Suzi strahlt. »Ich lass mich auf die Heldenreise mit meiner Suppenküche ein. Das wird schon. Zweifel gehören dazu. Aber jetzt ist Schluss damit!«

Beim nächsten Mädelsabend haben Kikki, Suzi und ich nur ein Thema: die Heldenreise. Und wir kommen zu dem Schluss, dass wir alle Heldinnen sind, so wie wir das Leben meistern.

Wir sind doch nicht bescheuert!

Vor gefühlt dreihundert Jahren, als ich noch jung war und in einer WG mit Anfang Zwanzigjährigen lebte, gab es stundenlange Diskussionen darüber, wer nun wann die Küche, das Bad oder die Treppen putzt. Es gab sogar mal eine dreistündige Grundsatzdebatte darüber, inwiefern Putzmittel wie flüssige Scheuermilch überhaupt ökologisch vertretbar sind und ob man durch die Verwendung so eines Mittels nicht bourgeois, also spießig und also für die Revolution völlig untauglich würde. Flüssige Scheuermilch, die damals gerade erst erfunden worden war, schied die Geister, also unsere WG, in einen Realo- und einen Fundi-Flügel. Die einen meinten, so ließe sich die lästige Hausarbeit, die jeder Revolution abträglich sei, weil man dabei seine Energie an völlig Unnützes vergeude, beschleunigen, und aufgrund der nun schnellen Erledigung wieder Zeit lassen, um Marx zu lesen. Die anderen beriefen sich darauf, dass die Revolution im Kleinen beginne, also an der ökologischen Basis, zu der jeder etwas beitragen könnte.

Heute weiß ich gar nicht mehr, auf welcher Seite ich damals eigentlich stand. Innerlich schwankte ich wohl hin und her. Aber zu jener Zeit und in jenem Alter musste ich einfach Position beziehen. Zu sagen »Ich bin da ambivalent« wäre ganz und gar nicht in Betracht gekommen. Es gab nur ein Entweder-oder. Im Suchen und Finden der eigenen Werte waren Zweifel oder Zwischentöne unzulässig. Vielen unserer Generation dürfte das auch als Beatles-Stones-Syndrom bekannt sein. Entweder man war Fan der einen oder der anderen Band. Beide gleichzeitig für gut zu halten disqualifizierte einen sofort und nachhaltig. Das ging gar nicht. Viel schlimmer, als für die einen oder die anderen zu sein, war, gleich beiden ihren besonderen Stand zu jener Zeit einzuräumen – da drohte die wirkliche Gefahr, der soziale Ausschluss aus gleich beiden Fangruppen. Und der Ausschluss aus einer sozialen Gruppe legte Urängste in uns frei, denn wir sind evolutionär darauf ausgerichtet, in einem menschlichen Verbund zu sein. Das sicherte von jeher unser Überleben – beim Jagen, bei der Aufzucht der Kinder, beim Abwehren von Gefahren durch wilde Tiere. Zusammen waren wir viel stärker. Rein evolutionsbiologisch betrachtet war es einfach von Vorteil, sich zu einem Verbund zusammenzuschließen. Wenn mehrere Frauen zusammen die Kinder hüteten, mehrere Männer zusammen jagen gingen oder Jung und Alt zusammen die Höhlen verbarrikadierten, damit Löwen nicht nachts eindringen konnten. Möglicherweise gingen auch Frauen jagen, oder Männer kümmerten sich bisweilen um die Brut. Aber das ist ein Thema der Geschlechterforschung, über das sich andere den Kopf zerbrechen sollen.

So oder so blieb davon übrig: Noch heute läuft dieser evolutionäre Mechanismus in uns ab, wenn wir uns beispielsweise um die Verwendung einer Scheuermilch in einer WG streiten. Wir wollen unbedingt zu einer Gruppe gehören, ein Teil von ihr sein. Gruppen konstituieren sich heute nicht mehr über Verbarrikadierungen von Höhlen, sondern über gemeinsame Werte oder Interessen. Und deshalb fällt es uns so schwer, sowohl für die Beatles oder auch für die Stones zu sein. Oder Scheuermilch zugleich gut und schlecht zu finden. Wir haben Angst vor dem sozialen Ausschluss, wenn wir einen Wert mit anderen nicht teilen. Also bis zu einem gewissen Alter jedenfalls. Gefühlt ab fünfzig scheinen wir aber wohl irgendwie verstanden zu haben, dass wir auch Gruppen je nach Interessen und Entwicklung wechseln können. Oder sogar neue gründen können. So wie Suzi und ich die WG.

So weit zum »Überbau«, wie wir damals gesagt hätten. Wesentlich pragmatischer betrachtet: Mein Scheuermilchtrauma macht es mir vermutlich so schwer, anzusprechen, was mich schon lange nervt. Suzi putzt immer seltener gründlich, und auch ich habe deswegen zum ausgiebigen Putzen keine Lust mehr, weil sie doch mehr machen könnte, und ich doch nicht ihre Putzfrau bin etc. pp. Also die typische Abwärtsspirale, wenn nichts angesprochen und stattdessen dem anderen still grummelnd etwas vorgeworfen wird.

»Wir müssen mal reden!«, sagt Suzi eines Tages. »Ich hab zwar ein Klobürsten-WG-Trauma, weil wir darüber mal tausend und eine Nacht diskutierten, und es fällt mir schwer, darüber zu reden, aber irgendwie versifft die Bude hier immer mehr.«

Ich starre sie an. »Ja, so ähnlich empfinde ich das auch!«

»Prima! Also nicht, dass die Bude hier versifft, aber dass wir nun in einem Alter sind, darüber keine Grundsatzdebatten mehr führen zu müssen, und schnell zu dem entscheidenden Punkt kommen.«

»Der da wäre?«

»Na, wir brauchen einfach einen Putzplan! War doch damals auch hinterher immer das Ergebnis jeder WG-Diskussion nach fünf Stunden!«

Ich grinse. Wenn es jemals noch einen Beweis darüber brauchte, dass es schöner ist, über fünfzig zu sein als Anfang zwanzig, dann wurde er hiermit geliefert. Ganz zu schweigen von Beziehungen mit Männern, in denen so eine Gradlinigkeit ohne emotionale Verstrickungen undenkbar wäre. Ich weiß nicht, warum, aber mit Männern läuft das Putzthema auch immer auf ein Machtspiel hinaus. Wenn sie etwas übernehmen, scheinen sie es immer als Demütigung zu empfinden. Nein, nicht offensichtlich, aber so als Hintergrundmusik mitschwingend.

Suzi und ich setzen uns an den Küchentisch und hecken schnell einen Plan aus. Wer wann Küche und Bad reinigt; wer für Bodenpflege, Altpapier und Lebensmittelordnung zuständig ist; wer – im längeren Turnus – die Fenster, den Kühlschrank und den Balkonbelag putzt. Wir beschließen, die Wäsche nicht mehr getrennt zu waschen, sondern uns die Hausarbeit zu teilen. Und während wir das schnelle Ergebnis bei einem Glas Wein feiern, legen wir sogar noch fest, wer nun später die leere Flasche entsorgt. Wir übertreiben es gründlich, wie wir lachend feststellen. Aber wir machen uns nicht nur über unsere »Planungssicherheit« lustig, sondern gewinnen der sogar noch etwas ab, auf die Gefahr hin, im fortgeschrittenen Alter doch etwas »unflexibel« geworden zu sein. Das nehmen wir in Kauf, denn wir wollen bloß eins: Nie mehr unnötige Energie mit elendigen Debatten verschwenden. Unser Motto ist: Ansprechen, Festlegen, Tun. Fertig. Aus.

Am nächsten Abend kommt Suzi in die Wohnung gestürmt und ruft: »Alles anders, wir machen alles anders, wenn du einverstanden bist, mit dem Putzen!«

Wie? Was jetzt?

Suzi wedelt mit einem Ausdruck herum. »Schau mal, der Kerl kommt kostenlos zum Putzen in einen Frauenhaushalt!«

Auf dem Blatt ist ein Mann um die fünfzig, der ein Lederhalsband trägt.

»Suzi!«, rufe ich, »der erwartet eine Gegenleistung! Das machen wir nicht!«

»Klar!«, grinst Suzi. »War nur ein Scherz – oder ein Test, ob du nicht doch heimliche Domina-Neigungen hast!«

»Also echt …«, beschwere ich mich lächelnd.

»Aber«, sagt Suzi, »auf den bin ich gestoßen, weil ich eine andere Idee hatte. Für meinen Laden brauche ich ja auch eine Putzfrau oder einen Putzmann, denn dort putze ich garantiert nicht selbst. Und warum soll ich nicht gleich schon zu suchen anfangen?«

»Ja, es heißt ja immer, es ist schwierig, jemand Guten und Zuverlässigen zu finden.«

»Genau! Und warum sollten wir das Nützliche nicht mit dem Angenehmen verbinden?«

»Wie meinst du das?«

»Ich schaue mich sicherheitshalber jetzt schon um. Und suche uns eine Reinigungsfrau. Muss ja nicht jede Woche sein. Aber wenn du die Hälfte der Bezahlung übernimmst, könnte ich mir das auch leisten. Mir wäre es das Geld wert. Nicht mehr putzen zu müssen, das ist mein größter Luxusgedanke, nicht eine Schiffsreise! Wer weiß, wie lange wir noch so eine gute Zeit haben, die wollen wir doch nicht mit Saubermachen vergeuden? Wir sind doch nicht bescheuert!«

»Suzi!«, rufe ich laut. »Diese Idee hatten wir schon bald nach deinem Einzug! Wir haben sie nur beide wieder vergessen!«

Suzi starrt mich entsetzt an. »Wirklich? Wir werden alt!«

Ich lächle, dann prusten wir beide vor Lachen los. Den Putzplan versenken wir jedenfalls feierlich im Mülleimer, den eine gute Perle für uns bald leeren wird.

Fernsprecher

Nachdem mein Mann in Absprache mit mir den Vertrag unterschrieben und für einen neuen Karriereschritt die Koffer für Kasachstan gepackt hatte, kamen wir schnell überein, jeden Tag zu telefonieren oder uns zu schreiben, je nach Internetverfügbarkeit. Ich brachte ihn zum Flughafen, und beim Abschied weinten wir beide. Aber es war kein Abschied wie bei jungen Liebenden – ich gönnte ihm von Herzen den Neuaufbruch, denn jenseits des Karriereschrittes wollte er auch einfach noch einmal ein neues Land kennenlernen. Komischerweise war ich darauf nicht eifersüchtig. So wie ich es vor zehn Jahren noch gewesen wäre. »Was?«, hätte ich mich empört, »der geht von mir weg, weil er noch einmal etwas erleben will. Ohne mich!«

Nun bin ich nicht so eine altruistische Person, die sich selbst so zurücknimmt, nur damit es anderen gut geht. Ich spüre meist genau, wenn mir jemand wehtut. Ob ich in einem Moment zurückgewiesen, gekränkt oder verlassen werde. Vor zehn Jahren jedenfalls hätte ich lieber meinen Mann auf den Mond geschossen als ihn nach Kasachstan ziehen zu lassen. Jetzt tat es zwar auch ein wenig weh, aber es fühlte sich zugleich so an, als wäre es auch richtig für mich. Die Vorstellung, nach seinem Abflug alleine in unserer Wohnung anzukommen, hatte nichts Schreckliches.

Ich fühlte auch eine gewisse Neugier auf mich selbst: Wie würde es mir ohne ihn gehen? Könnte ich mein Leben so nicht auch noch einmal neu sortieren? Etwas für mich finden? Die Kinder waren ja ausgezogen, und das letzte Jahr hatten mein Mann und ich schon mehr oder weniger bloß noch nebeneinanderher gelebt. Das heißt, manchmal hatte ich das Gefühl gehabt, wir leben beide gar nicht mehr richtig, wir machen nur weiter wie bisher. Das berühmte »Leere-Nest-Syndrom«, nachdem die Kinder flügge geworden sind?

Keine Ahnung! Ich muss ja auch nicht alles wissen, ich bin ja schließlich auch nicht Psychologin wie meine Freundin Kikki, sondern einfach eine Frau, die ihren Mann ziehen lässt und damit nicht nur zurechtkommt, sondern das auch als Chance für sich selbst begreift.

Eine komische Gefühlsmelange. Nur ab und zu blitzte da die ketzerische Frage auf: »Liebst du ihn eigentlich noch?« Was bedeutet es, dass es mir nichts ausmacht, wenn er für mindestens ein Jahr ins Ausland geht? Was heißt es, wenn ich mich darauf freue, all das wieder tun zu können, was ich über die zwei Jahrzehnte mit Familie nicht mehr machen konnte – nicht mehr für alle zusammen den Alltag zu organisieren, nicht mehr regelmäßig zu kochen, mich nicht mehr absprechen zu müssen, wenn ich mit einer Freundin ausgehe, stundenlang in der Badewanne zu liegen und ein Buch zu lesen, am Wochenende bis abends im Nachthemd zu gammeln, Leute einzuladen, die mein Mann schrecklich findet, ich aber sehr mag, ein Regal so umzustellen, wie ich es schöner finde – und keine ewigen Debatten mehr darüber zu führen, ob wir nun sparen sollten oder nicht und, vor allem, ob denn Design wichtiger wäre als die reine Funktion, wenn die Kaffeemaschine den Geist aufgab und er meinte, die zehn Euro für das stylishere Gerät seien zum Fenster hinausgeworfenes Geld. Während ich darauf bestand, dass das von ihm vorgeschlagene Gerät potthässlich sei, gar nicht in unsere Küche passe und überhaupt so ein Billigprodukt aus China sei, das man nach sechs Monaten ohnehin wieder ersetzen müsste.

Vier Wochen später stellte ich fest: Irgendwie ist es so still, so einsam, so leblos in der Wohnung. Nein, ich kann gut alleine sein. Ich brauche nicht ständig jemanden um mich herum. Aber alle neuen Freiheiten machten auch nicht so richtig Spaß. Am Wochenende im Nachthemd gammeln, Bücher in der Badewanne lesen, einfach ausgehen, ganz ohne Absprache einen neuen Designkochlöffel anschaffen oder am Imbissstand etwas zum Abendessen kaufen – was längst nicht so gut schmeckte wie Selbstgekochtes. Ganz abgesehen davon, dass Alleine-Essen nach dreißig Ehe- und zwanzig Familienjahren gewöhnungsbedürftig ist. Niemand lässt dich nicht ausreden, keiner springt plötzlich auf und muss dringend weg, und die gefühlt millionste Debatte, wer nun die Spülmaschine einräumt, hat sich auch erledigt – für diesen Job bleibe auch nur noch ich übrig. Aber soll ich überhaupt heute noch das Geschirr in die Maschine räumen? Das ginge doch morgen auch, und Frühstücksgeschirr für den nächsten Tag ist ja noch im Überfluss vorhanden. Für mich alleine reicht es vier Tage. Und die Lieblingstassen von Eva und Lukas stehen eh schon so lange verwaist im Schrank. Die erwachsenen Kinder interessieren die Tassen natürlich nicht mehr die Bohne. Richtig so. Gut so. Sie konnten sich abnabeln. Erziehungsziel erreicht. Aber trotzdem räume ich die Tassen jetzt weiter nach hinten, um sie nicht mehr täglich sehen zu müssen. Und auch diesen Wasserkocher, den mein Mann eines Tages angeschleppt hat, bringe ich in den Keller. Er verschandelt nur unsere Kücheninsel, und ich brauche ihn nicht. Bin ich jetzt eine alte Schachtel geworden, die wie eine Rentnerin herumsortiert und zwei Stunden überlegt, ob sie nun Geranien oder Fleißige Lieschen auf dem Balkon pflanzen soll?

Stopp!

Irgendwann begann sich mein Hirn wieder einzuschalten und sagte: Du bist verdammt noch mal schlichtweg in einer Umbruchsphase, wen wundert's. Die Kinder sind aus dem Haus, der Mann im Ausland, du lebst plötzlich alleine, was du ja gar nicht mehr gewöhnt bist. Und dann steuerst du zugleich auf dein letztes Lebensdrittel zu. (Falls das überhaupt so ist, falls ein Drittel überhaupt noch kommt, denn die Einschläge kommen immer näher, und du hörst plötzlich auch nur noch, wer schon wieder ein Zipperlein mehr hat oder wen von deinen Bekannten gar der Tod ereilte.)

Stopp! Tu dir mal selbst nicht so leid!
Du bist jetzt in einer typischen Krise.
Krisen stärken. Ohne Krisen wachsen wir nicht.
Wir sind immer im Fluss!
Du brauchst Zeit, um dich neu zu (er)finden.
Such dir Ziele!
Was erwartest du vom Leben? Was willst du noch erreichen?
Auf jeden Fall will ich wieder mehr Spaß und Lebensfreude haben!
Dann arbeite heute nicht mehr und geh zu Kikkis Vernissage.
Ach, die hätte ich fast vergessen!
Siehst du?!

Und das war genau der Abend, an dem ich meine alte Freundin Suzi nach langer Zeit mal wieder traf und sie mir von ihrer Wohnungsmisere erzählte – und sie daraufhin »nur vorübergehend natürlich!« bei mir einzog.

Jetzt, ein paar Monate später, ist ihre Wohnungsfrage nach wie vor ungeklärt – und mir gefällt das Zusammenleben mit ihr ausgesprochen gut. Soll ich sie fragen, ob sie nicht noch länger bleiben will?

Suzi kommt zu mir ins Zimmer. »Darf ich dich mal was fragen?«

»Klar!« Seltsam, dass Suzi so zurückhaltend ist, sonst legt sie immer gleich los.

»Also, ähm, das klingt jetzt etwas … also, ich weiß nicht, ob das nicht zu aufdringlich ist …«

»Schieß los, wenn ich die Frage nicht beantworten will, dann sag ich das schon!«

»Also, irgendwie frage ich mich, was das eigentlich mit dir und deinem Mann ist. Ihr telefoniert ja gerade mal einmal die Woche, und das auch nicht lange.«

»Er telefoniert nicht gern!«

»Ach so, ja dann …«

»Aber nein, du hast schon recht. Er telefoniert zwar tatsächlich nicht gern. Aber da steckt auch mehr dahinter. Ich weiß ehrlich gesagt nicht, wie es noch mit uns weitergehen soll.«

»Ah, verstehe!« Suzi nickt verständnisvoll. »Und ganz so gerne sprichst du darüber auch nicht.«

»Stimmt!«

»Ich bohr da auch nicht weiter nach, keine Sorge. Ich wollte nur mal dezent nachfragen, ob du nicht Gesprächsbedarf hast. Ich hab zwar so einige Fehler, aber wenn du nicht darüber sprechen willst, respektiere ich das natürlich.«

Ich lächle. »Danke. Tut gut, zu wissen, dass du dich um mich auch kümmerst. Das ist einfach schön.«

Wir umarmen uns.

»Ich brauche einfach noch Zeit, für mich alleine!«, erkläre ich ehrlich.

»Verstehe«, erwidert Suzi und verlässt traurig das Zimmer.

Fünf Minuten später klopfe ich bei ihr und frage, ob ich reinkommen kann.

»Klar!«, erklärt Suzi.

»Kann ich dich was fragen?«

»Leg los, jederzeit!«

»Warum warst du denn gerade so traurig? Hat dich das an deine eigenen Beziehungen erinnert?«

»Wie, was meinst du?«, fragt Suzi.

»Nach unserem Gespräch!«

»Na ja, es gefällt mir halt bei dir, es ist irgendwie schön hier.«

»Und warum bist du dann traurig?«

»Wenn du alleine sein musst – und ich nehm es dir wirklich nicht übel –, dann muss ich mir eine neue Bleibe suchen, denn so schnell kann ich nicht zurück.«

»Suzi!« Ich nehme spontan ihren Kopf in meine Hand. »Nein, ich würd mich freuen, wenn du bleibst! Das Alleinsein war nur in Bezug auf das Nachdenken gemeint, über mich und meinen Mann!«

»Echt jetzt?«, seufzt Suzi erleichtert.

Es scheint, als purzelten tausend Steine von Suzis Herzen. So emotional auf diese Art und Weise habe ich sie noch nie gesehen. Ist sie sensibler, als ich vermutet hatte? Bedeutet ihr unsere Weiber-WG auch so viel wie mir mittlerweile? Ja, sonst würde sie nicht so reagieren.

Aber weiter muss ich gar nicht nachdenken, denn Suzi wäre nicht Suzi, wenn sie sich nicht sofort wieder gefangen hätte und vorschlüge: »Weißt du was? So müsstest du mit deinem Mann auch mal reden! ›Kann ich dich mal was fragen?‹ Und dann so offen wie bei mir sein! Das ist doch alles ein Kommunikationsproblem, wie bei uns beiden gerade!«

»Du wollest dich doch nicht einmischen, liebe Suzi!«, rufe ich lächelnd.

»Stimmt!«, erklärt Suzi. »Ab sofort halte ich echt meine Klappe dazu, versprochen, Indianer-Ehrenwort!«

»Liebe ist außerdem kein Kommunikationsproblem, nur manchmal.«

Suzi nickt zustimmend.

Am nächsten Tag rufe ich meinen Mann an, erkläre, dass reden auch über »fernsprechen« geht, nicht umsonst hießen Telefone früher »Fernsprecher«. »Darf ich dich mal was fragen?«, höre ich mich weiter sagen.

»Ich hab keine andere, und es geht mir gut!«, antwortet er.
»Das meintest du doch!«

Ich höre mich gekränkt »Nein« sagen und hinzufügen: »Aber egal!«

Etwas verdattert fragt er mich, ob irgendetwas sei.
»Nein!«, behaupte ich weiter.

Männer und Frauen sind oft ein einziges Kommunikationsproblem. Ob es die Liebe auch ist? Das sollen mal Psychologen und Philosophen untersuchen. Ich hab keine Ahnung. Ich weiß nur, dass es tausendmal einfacher ist, eine gute Freundin zu verstehen, als den eigenen Mann.

Eine Einkaufsliste, ganz einfach

Suzi ist schon in der Schule, ich finde zum Frühstück an meinem freien Tag einen Zettel in der Küche.

Du hast doch gesagt, dass du heute eh noch einkaufen gehen willst. Kannst du mir bitte einen Gefallen tun und ein paar Dinge mitbringen?

100 g Steinpilze vom Griechen
100 g Babyspinat, tiefgefroren
50 g Trüffelleberwurst vom Biometzger
1 Kilo Zwiebeln vom Türken um die Ecke (denn nur die sind richtig frisch und scharf)
250 g gemahlene Bohnen Deep Taste vom Coffee Maker in Altenberg
10 g Tasmanischer Pfeffer
1 Packung gelbe Linsen
1 Scheibe Allgäuer Emmentaler vom Käser auf dem Wochenmarkt
1 Flasche Marsala all'uovo
2 Becher Ayran ohne Fett
300 g ungarisches Gulasch, tiefgefroren nach Originalrezept (gibt's nur in Altenberg, aber wenn du wegen dem Kaffee eh schon dort bist, rentieren sich die fünfzig Kilometer Fahrt auch mehr)
100 g indische Granatapfelsamen von Banno
5 Birnen
100 g Schokolade mit mindestens 80 Prozent Kakaoanteil

Bitte noch wenden!

Meine Liebe! In dir ist jetzt wahrscheinlich eine Wut hochgekocht. Spinnt die Suzi? An so vielen verschiedenen Orten für lauter Sonderwünsche einzukaufen, dauert ja einen ganzen Tag! Und du hast dich sicherlich gefragt, wie du aus der Nummer rauskommst, mir diesen unverschämten »Gefallen« abzuschlagen.
Du bist schon draußen! Ich brauche nur fünf Birnen, die Zwiebeln und eine Scheibe Emmentaler vom Wochenmarkt-Käser und wollte dir hiermit demonstrieren, wie leicht man jemanden provozieren kann und wie schnell ein Stresspegel wieder abfallen kann und wie pflegeleicht ich bin! Bussi!

Wollte ich nicht schon lange mal wieder nach Altenberg fahren? Wollte ich mich nicht schon lange mal wieder etwas umsehen und ungewöhnlichere Produkte einkaufen, um mal wieder anderes zu kochen und zu essen? Sind so Lebensmittelläden nicht bisweilen eine große Quelle von Inspirationen?

Am Abend findet Suzi alle angegebenen Lebensmittel auf der Küchentheke vor. Dazu die Rechnungen und einen Zettel, auf den ich ganz, ganz viele Herzen gemalt habe. Ich hatte nicht nur Spaß beim Einkaufen, sondern werde noch eine Weile etwas davon haben, denn Suzi steht jetzt unter Zugzwang, um aus all den Lebensmitteln noch etwas Leckeres zu zaubern!

Flaschenpost

Ich war auf Geschäftsreise. Als ich nach einer Woche wieder heimkomme, finde ich im Hauseingang bei den Briefkästen folgende Zettel, offenbar chronologisch einer nach dem anderen aufgehängt.

> An alle Bewohner des Blocks:
> Keine Bierflaschen mehr vor der Haustür abstellen!
> Das verschandelt unser ganzes Anwesen!

> *Die leeren Flaschen werden für arme Rentner abgestellt,*
> *die sie morgens einsammeln. Um sieben Uhr sind sie weg.*
> *Wenn Spießer wie Sie in die Arbeit gehen,*
> *ist alles schon erledigt!*

> Spießer? Wer sind Sie? Wer erlaubt sich diese Frechheit? Outen Sie sich!

> *Outen Sie sich doch selbst mal! Anonyme Zettel*
> *schreiben und Aufruf zur Denunziation in bester*
> *deutscher Tradition!*

> Ich ein Nazi? Es reicht!

> *Der Vermieter, unsere Hausverwaltung und unser*
> *Hausmeister sind ziemlich nett und würden uns direkt*
> *ansprechen. Aber wer sind Sie? Zeigen Sie Ihr Gesicht!*

> Zeigen Sie erst mal Verantwortung für ein anständiges Erscheinungsbild!
> Ich passe jetzt auf, wer unseren Block mit Bierflaschen verschandelt,
> und werde das anzeigen.

*Die Polizei wird sich über diese wichtige Arbeit freuen!
Die haben sonst ja nichts zu tun. Noch ein Tipp, falls Ihnen
langweilig wird: Sie können auch Falschparker anzeigen
oder nach Autos suchen, deren TÜV abgelaufen ist.
Kann eine ganz erfüllende Tätigkeit werden.
So was suchen Sie doch! Denn Ihnen muss es stinklangweilig
im Leben sein, wenn Sie nur darauf achten, wer vielleicht
leere Bierflaschen nachts abstellt, damit andere am
nächsten Tag was davon haben.*

> Unverschämtheit! Ich zeige doch keine Autofahrer an!

Ah, das Auto als Fetisch. Passt!

> Sozialromantik als Fetisch. Passt!

*Zwanghaft ordentlich? Männlich, weiß,
ohne Frau, geistig 90+?*

> Unverschämt! Ich stehe in Lohn und Brot, ich hab's nur gerne aufgeräumt
> und nicht so versifft. Und Sie? Alte Frau, Alkoholikerin, ohne Mann, untervögelt,
> auch nichts Besseres zu tun, als auf solche Zettel zu antworten?

*Stimmt bis auf untervögelt, unbemannt,
Alkoholikerin und nichts Besseres zu tun –
die Bierflaschen stammen übrigens nicht von mir!*

> Warum mischen Sie sich dann ein?

Weil ich ein sozialer Mensch bin und es gut finde, wenn arme Rentner ein Minieinkommen mit den leeren Flaschen haben, soll es doch aussehen, wie es will, bis zum Morgengrauen.

> Wenn Sie Mutter Teresa werden wollen, dann gehen Sie nach Indien!

Gehen Sie doch nach Nordkorea. Der Staat passt zu Ihnen!

Neuer Zettel, offenbar von einem Dritten:

> **Ihr zwei seid spannender als jede Netflixserie! Weiter so!**

Verdutzt stehe ich im Hauseingang.

Mir ist völlig klar, dass Suzi die Frau ist. Aber wer ist der Mann? Der Dr. Huber vom Wohnhaus nebenan? Der hat auch schon so ein Theater um das ordentliche Fahrradabstellen im gemeinsamen Hinterhof gemacht. Vermutlich ist allen im Haus und im Wohnblock nebenan klar, dass sich hier Suzi und Dr. Huber batteln. Tatsächlich taucht ausgerechnet jetzt Huber hier auf und tut so, als würde er etwas suchen, wahrscheinlich wollte er gerade einen Zettel aufhängen.

»Ich räume gerade auf, Herr Dr. Huber. Darf ich Ihre Zettel auch gleich abhängen?«

Verdattert sieht er mich an. »Sie also …«

»Nein, die Zettel stammen nicht von mir! Ich hab's nur gerne ordentlich im Hauseingang und nicht so voller Zettel zugeklatscht. Was sollen denn die Leute von uns denken bei so einem Verhau?«

Darauf weiß Dr. Huber nichts mehr zu sagen.

Ich hänge stillschweigend die Zettel ab und pruste vor Lachen los, als Huber außer Hörweite ist. Suzis Dreistigkeit ist wunderbar ansteckend!

Bike your age

»Gibt es eigentlich noch Clearasil?«, fragt Suzi eines Tages unvermittelt.

»Keine Ahnung! Aus dieser Zeit sind sogar meine Kinder schon lange raus.«

»Ich schau mal!«, erklärt sie und findet beim ersten Googeln einen entsprechenden Eintrag. »Ja, super, gleich im nächsten Drogeriemarkt.«

»Für was brauchst du Clearasil?«

»Aus Rache!«

Ich frage *nicht* nach, was sie damit meint. Ich will mich einfach nicht schon wieder auf das »Spann-mich-auf-die-Folter-Spielchen« einlassen. Dabei hatte es Suzi die vergangenen zwei Wochen gar nicht mehr versucht, wie mir jetzt einfällt, denn sie war die ganze Zeit mit Fahrradkauf beschäftigt, nachdem ihr altes spurlos aus dem Hof verschwunden war. Mit Michael, unserer schwulen Seebekanntschaft, war sie auf Flohmärkten und bei einer städtischen Versteigerung von Fundsachen. Aber Michael hatte ihr von allen ins Auge gefassten Zweirädern abgeraten, weil sie selbst den billigen Preis nicht wert seien, er kenne sich aus. Michael hat vor fünfundzwanzig Jahren mal in einem Fahrradladen gearbeitet. Und lieber als so ein Secondhandteil solle sich Suzi ein neues Radl in einem Outlet kaufen.

Suzi war im Outlet.

»Die spinnen!«, erklärte sie. »Da gibt's gar keine normalen Fahrräder mehr. Das muss schon eine Marke sein. Das ist ja fast zum Fetisch geworden wie früher Autos. Das muss ein ›Diamant‹ oder ein ›Giant‹ sein, oder wie sie alle heißen. Und jeder erklärt dir, was der Mercedes unter den Rädern sei und warum du ihn unbedingt haben musst.«

Daraufhin verbiss sich Suzi aber nur noch mehr ins Thema, surfte sich durch das Fahrradnetz und telefonierte rum. Fahrradfachzeitschriften flatterten ins Haus, und Suzi begann, alle »normalen« Händler in der Nähe abzuklappern.

Gestern war sie nach der Schule in zwei Läden. Und heute auch. Auch beim Nico war sie, meinem Fahrradhändler, der zuverlässig und günstig meine komplizierteren Reparaturen und Wartungen übernimmt.

»Hat Nico nichts für dich?«, frage ich, denn ich kenne den Händler und leidenschaftlichen Schrauber seit Jahren. Er hatte immer faire Preise und gute Tipps, was genau für mich infrage kommt und das Geld wert sei. Ja, es gibt noch Leute, die ihren Job ehrenhaft machen, aus Leidenschaft, und andere nicht über den Tisch ziehen wollen.

»Doch!«, erklärt Suzi kryptisch. »Ich kauf jetzt Clearasil, und dann suche ich sie alle heim!«

Nein, nein, nein! Ich frage nicht nach, was sie damit meint, denn das hätte sie nur zu gerne. Nein!

Eine Stunde später kommt Suzi zurück, sichtlich gut gelaunt mit einem schelmischen Lachen. »So, jetzt habe ich es allen gezeigt!«

»Schön!«, antworte ich kryptisch.

»Interessiert dich gar nicht, was war?«

»Doch, natürlich, Suzi, schieß einfach los!«

Tatsächlich erzählt sie daraufhin gleich und ohne Umschweife, dass ihr alle vier Fahrradhändler in der Nähe bei der Beratung nahegelegt hätten, ob sie sich »in ihrem Alter« nicht lieber ein

E-Bike kaufen wolle. Anfangs hätte sie ja noch gedacht, die wollten einfach mehr Reibach machen. Aber nachdem nun auch mein Nico mit dem Vorschlag kam, sei ihr klar geworden, dass sie nun tatsächlich im E-Bike-Alter sei und man ihr das eben auch ansehe. Und nein, die Verkäufer wären alle ziemlich nett gewesen und hätten das gut und gar nicht böse gemeint. Und sie wisse, es sei unfair und völlig irrational, den jungen Kerlen ihr Mitdenken vorzuwerfen. Aber sie konnte einfach nicht anders, als jeden von denen noch einmal heimzusuchen unter dem Vorwand, noch eine Frage zu haben, und denen jeweils ihr junges Alter auch noch mal reinzudrücken mit einem »Übrigens, ich hab noch was für Sie!« und ihnen das Clearasil zu schenken, sodass diese vielleicht ins Grübeln kämen, ob sie nicht viel jünger und pickeliger aussehen, als ihnen lieb ist.

»Act your age!«, sagen die Engländer. Verhalte dich altersgerecht. Suzi könnte sagen: »Bike your age!«

Schwere Jungs

Wer jemals nicht nur als Single, sondern auch in einer Partnerschaft oder in einer WG gelebt hat, kennt das Thema: Müll.

Aber auch überzeugte Singles haben beispielsweise durch Studentenwohnheime Erfahrung damit gesammelt. Wie eine liebe Bekannte von mir, die heute noch davon erzählt, dass sie eines Tages ihr Bett als Müllhalde vorfand. Der völlig genervte Mitbewohner des Wohnheims hatte einfach den ganzen Kram auf ihrem Bett ausgeschüttet, um der lieben Bekannten dezent zu signalisieren, dass er nicht mehr bereit wäre, ihren Unrat ständig wegzubringen, um nicht alles komplett versiffen zu lassen. Und das zu Zeiten, als Müll und Plastiktüten noch nicht als Umweltbelastung galten, sondern Müllrausbringen ganz schnöde unter »Haushalt muss halt auch sein« rangierte. Der ganze Müll war sozusagen noch gar nicht ideologisch aufgeladen, sorgte aber damals schon für gehörigen Zoff. Nennen wir die Bekannte mal Petra, weil sie unerkannt bleiben möchte – sie hat seit diesem Ereignis beschlossen, nie mit einem Mann zusammenzuziehen, denn sie wollte sich nicht der Gefahr aussetzen, eines Tages statt neben einem attraktiven Typen mit verschimmelter Wurst, alten Kaffeefiltern, verfaultem Gemüse, gebrauchten Kondomen oder verrotzten Taschentüchern aufzuwachen. Kurzum: Petra meint, sie hätte ein Mülltrauma und deshalb nie ein Zusammenleben mit einem Partner gewagt. Ob das nun so stimmt, sei dahingestellt. Wir biegen uns ja alle gerne mal die Wirklichkeit etwas zurecht.

Weder Suzi noch ich haben ein behandlungsbedürftiges Mülltrauma, aber allmählich stapeln sich die Mülltüten vor der Wohnungstür immer wieder in einem bedenklichen Ausmaß, und keine von uns beiden bringt sie runter zum Müllhäuschen im Hinterhof. Sonst sprechen wir uns doch auch so gut ab, ganz ohne Machtkampf, wie ich ihn mit meinem Mann bei solchen Sachen immer hatte. Warum klappt das mit dem Müll bei Suzi und mir nicht?

Ich geb's ja zu – ich mach das auch nicht gerne, weil ich einfach ein ungutes Gefühl beim Müllrausbringen hab. Soll sie es doch machen! Ich geh da nicht gern hin.

Aber in meinem Alter weiß ich wenigstens, dass da nur eins hilft: Offen ansprechen.

»Ja, ist mir auch schon aufgefallen, dass wir da richtig zicken«, erwidert Suzi meine Eröffnungsrede. »Ich geh da einfach nicht so gerne hin, zum Müllhäuschen, weil mir da immer etwas unwohl ist. Da ist schon ein paar Mal so ein seltsamer Typ aufgetaucht, also nicht bedrohlich, aber irgendwie vermeide ich den Weg dahin lieber!«

»Ja!«, rufe ich aufgeregt. »So ein alter Kerl mit Schiebermütze, der plötzlich im Dunkeln auftaucht!«

»Genau!«, nickt Suzi. »Der kommt irgendwie immer von hinten, als ob er einen absichtlich erschrecken will!«

»Ja! Und ich hab schon oft gedacht, jetzt lässt er gleich die Hosen runter!«

Suzi ruft: »Genau!« Sie starrt mich an. »Das ist ein Exhibitionist, der sich bloß nicht wirklich traut!«

»Aber ... er tut ja nichts.«

»Das ist genau unser Problem! Jetzt, wo du es sagst, verstehe ich das plötzlich. Der macht nichts Kriminelles, alles im Rahmen.«

»Ja, man kann ja niemanden anzeigen wegen eines mulmigen Gefühls!«

»Und es ist auch fies, Männer unter Generalverdacht zu stellen!«

Ich nicke.

»Und trotzdem stimmt da was nicht, der legt es darauf an, einen zu erschrecken, ich schwöre.«

»Glaub ich auch, aber …«

»Ja, genau: Aber was können wir da machen? Zu zweit gehen?«

»Nein!«, erklärt Suzi energisch. »Da würde der sich freuen, uns Angst eingejagt zu haben!«

Wir sprechen nicht mehr weiter, ich wische die Spüle, Suzi sortiert ihre Weiterbildungsunterlagen. Nachdenklich sind wir wohl beide. Es klingelt an der Wohnungstür. Das kann nur Voss sein. Gestern hat er auch schon geklingelt, und Suzi hatte zu mir ein »Pscht«-Zeichen gemacht. Bloß nicht bemerkbar machen, bloß nicht öffnen, bloß Ruhe von ihm haben.

Jetzt blickt sie aber plötzlich wie von einem Geistesblitz getroffen auf und läuft freudig zur Wohnungstüre.

»Volker! Was für eine schöne Überraschung, komm rein!«, sagt sie freudig, und Voss grinst über beide Ohren.

»Ich musste mal kurz raus, die Kinder wollen nicht ins Bett! Das ist jeden Abend ein Theater!«

Normalerweise würde Suzi jetzt erwidern: »Aha, du drückst dich also schon wieder vor der Kärrnerarbeit und überlässt alles deiner Frau!«

Heute aber geht sie darauf gar nicht ein und schenkt Voss ein Glas Wein ein. Was ist denn das für ein plötzlicher Sinneswandel? Was will sie von ihm?

Wir bräuchten seine Hilfe, erklärt Suzi, also vielmehr die seiner Jungs, denen er als Betreuer zur Seite steht und die er uns angeboten hat. Ob sich das denn mit den Resozialisierungsansprüchen vereinbaren ließe? Nein, wir wollten keinen Killer anheuern, nur ein wenig Angst einjagen. Könne er da mal mit seiner Klientel reden? Ob sie da zwei Mamas (oder notfalls solle er Omas sagen) helfen könnten? Voss nickt und versteht immer noch nicht, ebenso wenig wie ich.

Am nächsten Abend startet Suzis Plan. Die schweren Jungs sehen gerne eine Aufgabe darin, einen alten Spießer, der Frauen erschreckt, mal selbst zu erschrecken. Sie warten in »Schichten« bei uns im Hinterhof rund um das Müllhäuschen und »überraschen« den Kerl immer mal wieder, wenn sie ihn herumschleichen sehen. Sie drohen nicht, sie machen nichts, sie schlagen den Spießer einfach mit seinen eigenen Waffen und tauchen unvermittelt auf mit ihrer jugendlichen Kraft und Statur, und lassen bei ihrem Auftritt ihren Knasthintergrund samt abgebrochener Drogenkarriere erahnen.

Voss zieht das mit den schweren Jungs eine ganz Woche als »therapeutische Maßnahme« durch, und den Jungs gefällt diese ungewöhnliche Aufgabe – die selbstverständlich nicht ganz offiziell zu den sozialpädagogischen Rahmenvorgaben zählt. Aber, so betont er, den Jungs mache das Spaß und tue ihnen auch gut, wenn sie mal nicht die Bösewichte seien, sondern andere vor solchen Typen schützten! Wir beschenken die ganze Truppe zum Dank mit selbst gebackenem Gebäck, das diese krass süß und cool finden, auch wenn in diesen Brownies kein bisschen Gras drin ist – solche Leckereien haben sie zuletzt mal in ihrer früheren Kindheit genossen!

Der Typ am Müllhäuschen ward seither jedenfalls nie wieder von uns gesehen.

Let's party

Boah, gehn die mir auf die Nerven!« Suzi schmeißt ihre Tasche mit den Schulsachen in die Küchenecke. »Diese jungen Schnepfen und Gockel sind so spießig und so überheblich! Die sind schon mit Mitte zwanzig geistige Rentner. Die büffeln den letzten Scheiß nicht deswegen, weil sie ganz schlicht einfach mehr Kohle machen wollen, sondern weil sie sich als etwas so viel Besseres fühlen. Denen geht es nur darum, sich nach unten abzugrenzen. Das kotzt mich an! Wie hochnäsig die sind!« Suzi wedelt affektiert mit den Händen, hebt die Stimme und erklärt ironisch: »Ach, ich bin ja so viel toller als die ganzen Prolls, weil ich bei einer Versicherung, bei einer Bank oder in einem Architekturbüro arbeite!«

Sie lässt sich auf den Stuhl fallen. »Für den letzten Kurs der Fortbildung bin ich in einer neuen Gruppe. Im anderen Workshop sind die Netten, aber bei mir sammeln sich wirklich die Unerträglichen. Die Gespräche in den Pausen müsstest du mal hören!« Sie schüttelt den Kopf. »Da geht's überhaupt nicht um den Lernstoff und wie absurd oder anschaulich der manchmal ist. Oder wie völlig unnütz dieses oder jenes Fach überhaupt ist für die Arbeit ... In der Mittagspause, als wir draußen waren, haben die über andere Leute gelästert, dass es sogar mir die Sprache verschlagen hat. Über ein armes Mütterchen, das eine Aldi-Tasche getragen hat, und einen türkischen Müllmann, der am Stand ein Chicken mit Pommes gegessen hat. Und dann noch über eine frischgebackene Mama, die dem Baby eine Flasche in die Hand gegeben hat, als es geschrien hat. Stell dir vor: ›Kann die nicht stillen? Flaschennahrung ist so viel schlechter als Muttermilch!‹, haben die gesagt! Als ob die eine Ahnung hätten davon, was es heißt, so ein Kind endlich mal ruhig zu kriegen!«

»Na ja, die sind halt jung und naiv«, wende ich ein, »die …«

»Nein!«, unterbricht mich Suzi. »Jung und naiv bin ich auch mal gewesen, aber ich hab nie so über andere gelästert, so ignorant und herablassend. Die Jugend hat alles Recht der Welt, manche Dinge ganz anders zu sehen als wir – aber nicht mit so einer moralischen Keule und dabei so zu tun, als hätten sie selbst die Weisheit mit den Löffeln gefressen. Die kommen alle aus einem gutbürgerlichen Milieu und verurteilen einen ›einfachen‹ Arbeiter. Und dann gehen sie auch noch eine Oma an, die bestimmt unter Altersarmut leidet, vielleicht weil sie die Eltern dieser Gören aufgezogen und deshalb auf Rentenbeitragszahlungen verzichtet hat!«

Suzi ist richtig sauer. »Dieses elitäre Gehabe mit Ernährung und gesundem Essen bringt mich auf die Palme!«, erklärt sie.

»Ich sehe es!«, bestätige ich. »Aber es bringt dir auch nichts, wenn du dich aufregst!«

»Ha, von wegen! Manchmal muss man sich auf die eigenen Werte besinnen und nicht einfach alles so laufen lassen!«

»Und was willst du tun?«

»Keine Ahnung!« Suzi seufzt. »Jedenfalls erst mal Abstand kriegen und gut essen und noch einen Spaziergang machen.«

»Ich bin dabei!«, erkläre ich. »Übrigens war ich heute beim Biometzger und hab Schweinsbratwürstel gekauft. Soll ich dir auch welche mitbraten?«

»Nein, danke, ich hab immer weniger Lust auf Fleisch, das war mir die letzten Wochen schon zu viel.«

»Ja, ich weiß, ich wollte trotzdem fragen. Du wirst immer mehr zur Vegetarierin.«

»Gar nicht absichtlich, es kommt nur so.«

»Weiß ich auch.«

Suzi starrt auf den Küchenboden – und plötzlich springt sie auf und hat ein Leuchten in den Augen. »Ich hab's!«, ruft sie freudig. »Ich weiß jetzt, wie ich diese Nummer ganz elegant löse. Let's party! Bist du dabei?«

»Was meinst du, Suzi?«

»Bist du dabei oder nicht?«

Ich nicke schicksalsergeben und rege mich nicht darüber auf, dass Suzi schon wieder nicht sagt, was sie eigentlich meint. Wenn Suzi so energiegeladen ist, hat sie vermutlich einen guten Plan. Tatsächlich: Wir legen einen Termin fest für eine kleine Hausparty. Suzi will die ganz Klasse einladen und grinst bei dem Gedanken schelmisch.

»Schau mal!« Suzi zeigt mir am Tag darauf die Mails und Nachrichten: »Nein, ihr müsst nichts mitbringen, für Essen und Trinken ist gesorgt! Kommt einfach total entspannt vorbei«, schrieb sie allen zurück.

Zwei Tage vor der Party geht Suzi grinsend einkaufen.

Am Tag davor steht sie in der Küche und schneidet Zwiebeln, ehe ihr etwas einfällt und sie hektisch einen Lebensmittellieferanten anruft: »Einen Kasten Bier! Ich brauche unbedingt einen Kasten Bier, möglichst billig!«

»Suzi, die Leute trinken doch heute kaum mehr Bier, die wollen Aperol Spritz und so. Was machen wir dann mit den übrigen Flaschen des Kastens?«, frage ich.

Suzi grinst. »Das geht auf meine Kappe. Und Voss wird den Rest schon an seine Jungs loswerden.«

Zwei Stunden vor Partybeginn riecht es in der Küche nach Leberkäsbrät aus dem Ofen, und ich sehe Suzi eine Salamiplatte anrichten.

»Ich war heute beim Griechen einkaufen, der hat bestes Zaziki, fettarm, sollen wir das auch dazustellen?«, frage ich.

»Verstecke es bitte ganz hinten im Kühlschrank!«, ruft Suzi und öffnet genüsslich eine Tüte No-Name-Paprikachips, die sie in eine Schale umfüllt. Zudem richtet sie in Fett geröstete Erdnüsse, Salzstangerl und Billigschokolade an.

Ich komme mir vor wie bei einer Einladung meiner Mutter vor gefühlt hundert Jahren, als noch kein Mensch das Wort »vegan« kannte. Nur dass Suzi nicht auch noch Zigaretten auf dem Tisch bereitlegt, wie es damals üblich war, wenn Gäste kamen.

Weitere drei Stunden später habe ich Suzis Plan verstanden und beobachte, wie das Drama seinen Lauf nimmt, ganz im Sinne meiner Freundin.

Die Gäste kommen, die ganz Truppe, echte Schnepfen und Gockel, Suzi hat schon recht. Sie gehen zum kleinen Buffet und sehen sich etwas ratlos um. Wie? Nur Würstchen mit Curryketchup, fetthaltiger Käse, Chips etc. und Kalorienreiches aus dem Discounter (Suzi hat perfiderweise auch noch ein Schild vor der Erdnusspackung aufgestellt: »Sonderangebot vom Lidl, schmeckt aber super!«). Null Salat. Kein Obst. Kein Gemüse. Vegan? Komplette Fehlanzeige. Getränke: Bier und Cola (nicht Zero!).

Die Gäste suchen irritiert weiter mit den Augen den Raum ab – das kann doch nicht der einzige Buffettisch sein! Nirgendwo nah oder fern südländische Köstlichkeiten oder vegane Salate. Weit und breit keine hippe Variante erkalteter Nudelpesto. Von wegen Chiasamen. Keine Ingwer-Bowl. Nix, nada, niente.

Vereinzelte Nachfragen wie »Ist die Salami bio?« pariert Suzi freundlich mit: »Nein, die ist vom Aldi, aber schmeckt super!«

»Sind diese Salzstangen aus Weißmehl?« »Klar, sonst schmecken sie doch nicht, ich hab extra die mit richtig viel Salz gekauft.«

»Hast du auch Saft?« Suzi bedauert verneinend – dabei hatte sie zuvor unsere Saftpackungen extra in den Keller befördert.

Ich sehe ihr an, wie sie an sich halten muss, um nicht vor Lachen loszuprusten.

Nach gut zwei Stunden ist der Spuk vorbei. Die Leute haben sich alle, peinlich berührt, verabschiedet und die wildesten Ausreden aufgefahren, um nicht hierbleiben zu müssen.

Als hinter dem letzten Gast die Wohnungstür zuschlägt, macht Suzi einen Luftsprung. »Yeah!«, ruft sie. »Das hat Spaß gemacht, die so auflaufen zu lassen! Und jetzt feiern wir diese Show ganz prollig mit Wurst, Bier und Chips. Einverstanden?«

Voss klingelt noch, und wir laden ihn zu – tusch! – Bier ein, über das wir nun verfügen. Nach der zweiten bayerischen Halben stellen wir fest: Essen ist der neue Benz. Die Spießernachbarn unserer Eltern haben damit angegeben, dass sie einen Mercedes fahren. Das war das Statussymbol schlechthin. Unsereiner ist es egal, wer welches Auto fährt – aber manche geben damit an, wie vorbildlich sie sich ernähren. Sie fühlen sich als »besseres Milieu« und unheimlich fortschrittlich, wenn sie bio und vegan essen, nicht so wie der gemeine Mensch, der beim Aldi einkauft oder eine Currywurst isst. Der Lackmustest lautet heute: »Würdest du dich trauen, einer Kollegin zu erzählen: ›Gestern hab ich für zwei Euro ein Steak beim Lidl gekauft‹«?

Aber zwei Mitschülerinnen scheinen Humor zu haben und laden Suzi jetzt jeden Mittag zu einer gemeinsamen Currywurst ein, bis die Freundin endlich eingestehen muss, in Wirklichkeit mehr oder weniger Vegetarierin zu sein.

Ghostkids

Bis vor Kurzem hatte ich die Befürchtung, meine »Kinder« seien von einem Alien entführt worden und in den Fängen ganz, ganz finstrer Mächte. Denn Eva hat zwar vorgegeben, mit ihrem Freund zusammengezogen zu sein, und Lukas hat ein Zimmer in einer Männer-WG bezogen, dessen Spülbecken befürchten lässt, dass mein Sohn demnächst qualvoll an einer schweren Lebensmittelvergiftung oder Ungezieferinvasion sterben wird. Aber war das mit den angeblichen neuen Behausungen nur eine unter Zwang der Aliens aufgetischte Lüge für die besorgte Mutter, um mich in Sicherheit zu wiegen? Denn der Vierundzwanzigjährige und die Zweiundzwanzigjährige meldeten sich immer seltener, immer kürzer und immer freudloser – so als müssten sie eine lästige Pflicht erfüllen, die Mutter anzurufen oder gar zu besuchen. Nur die Tatsache, dass immer wieder WhatsApp-Nachrichten mit Suchanfragen kamen (»Du hast doch mein Abizeugnis gescannt, kannst du mir das schicken, schnell bitte!«) oder Hilfe im Haushalt beantragt wurde (»Wir machen heute noch eine Grillparty, kannst du uns dazu deinen Kartoffelsalat machen, die große Schüssel bitte!«) oder Kredite (»Sorry, kannst du mir hundert Euro vorstrecken?«), ließ mich die Alien-Theorie dann doch wieder verwerfen – wer im Weltall braucht schon ein Abizeugnis oder Kartoffelsalat?

Natürlich hat mein Mutterherz verstanden, dass die »Kinder« sich abnabeln müssen. Und ich sollte es doch begrüßen, dass sie sich ihr eigenes Leben aufbauen. War ich in diesem Alter nicht ebenso »rücksichtslos« – ja, ich verwende das Wort jetzt bewusst – zu meinen Eltern wie sie heute? Aber es tat zunächst trotzdem weh – ehe ich mich daran gewöhnt habe und mich meinerseits abnabelte, indem es zum Beispiel keinen Kartoffelsalat auf so kurzen Zuruf mehr gibt. Allmählich gewann ich meiner neuen Freiheit, nicht mehr für so viel sorgen zu müssen, auch immer mehr ab – und komischerweise melden Eva und Lukas sich nun auch wieder häufiger und freundlicher und haben mir beispielsweise zum letzten Geburtstag ein leckeres Essen gekocht.

Suzi hat zu meinen Ausführungen zu meinem neuen Status gelächelt und bemerkt: »Ich bin schon längst eine erwachsene Mutter!«

»Kein Wunder«, gab ich zurück, »deine Cindy ist auch schon sechsunddreißig!«

»Und so was von brav, um nicht zu sagen: spießig, mit ihrem Sönke-Gatten da im Einfamilienhäuschen in Rostock!«

»Also, andere würden sich freuen, wenn die Tochter es sich so gut eingerichtet hat, einen guten Beruf und einen passenden Mann hat«, gebe ich ihr zu bedenken.

»Tu ich ja auch! Natürlich will ich zuerst, dass es ihr gut geht! Ich muss nur ablästern, weil das alles so aufgeräumt eng ist, immer heile Familie, um nicht zu sagen: spießig. Schlimmer als meine Eltern!«, erklärt Suzi entspannt, während sie den Kühlschrank inspiziert und feststellt, dass wir beide nicht daran gedacht haben, Joghurt, Parmesan und Champignons zu kaufen. »Das würde Cindy nie passieren! Die schreibt immer schon im Voraus für vier Wochen Einkaufslisten. Da ist alles durchorganisiert und durchgetaktet … mich wundert bloß, dass ich noch nicht Großmutter bin«, ergänzt sie nachdenklich. »Sie hat doch bestimmt auch schon genau terminiert, wann ein Kind in ihren

Karriereplan passt, da müsste es doch höchste Zeit werden! Aber vielleicht ist der Gatte auch nicht so potent!«, lästert Suzi weiter und grinst. Wer Suzi nicht kennt, könnte meinen, sie liebte ihr Tochter nicht und wertete sie nur ab. Dabei kannte ich als junge Frau keine andere Mutter, die sich so liebevoll und doch so energisch um ihre Kleine gekümmert hat wie Suzi – samt allen Fehlern, die wir alle als Mütter natürlich auch machen. Suzi hat nur manchmal eine diebische Freude am Sticheln an all zu »glatten« oder bequemen Menschen und Situationen. Und da macht sie auch vor ihrer Tochter und sogar sich selbst nicht halt.

Von wegen, dass alles so glatt und »immer heile Familie« ist! Ein paar Tage später meldet sich Cindy – sie möchte zu Suzi, ihrer Mama, also zu uns kommen, weil sie eine Riesenehekrise hat. Das würde uns doch passen, oder? Ich stimme zu, klar, wir haben ja noch Lukas' altes Kinderzimmer übrig,

Cindy sitzt schon im Zug nach München, als sich Lukas meldet: »Mama, kann ich zu dir? Wir wurden hier fristlos aus der WG geworfen, Tobi hat alles verbockt mit dem Vermieter – ich muss heute noch raus. Ich komme gegen achtzehn Uhr.«

»Mit Möbeln?«, frage ich noch.

»Nein, die sind auch weg, ich bin pflegeleicht! Aber ich würd mich über Bolognese freuen!« Zwinkern, ein paar Herzen und der Satz »Du bist die beste Mama der Welt!« folgen. Also, kein Mann auf der Welt dürfte glauben, mich mit so einer einfachen Charmeoffensive zu kriegen. Aber im Falle meines Sohnes, der ein ganz schreckliches Alien-Trauma haben muss, zeige ich natürlich Verständnis. Wohin soll er sich denn sonst flüchten als zu seiner Mutter? Der Vater ist in Kasachstan, die Schwester mit ihrem eigenen Leben beschäftigt – und überhaupt: Das Haus oder die Wohnung sollten immer, immer, immer offen stehen für die Kinder, wenn sie Rückhalt brauchen!

Ich atme tief durch und informiere Suzi über die neue Sachlage.

»Dann schlafen wir beide eben für ein paar Tage zu zweit in meinem Schlafzimmer«, schlage ich vor. »Dann haben die Youngsters jeweils ein eigenes Zimmer!«

Suzi sieht mich ein wenig skeptisch an, aber sie stimmt zu. Wir sind uns einig: Egal wie alt wir sind – unser Mutterherz schlägt einfach immer, und wir wollen unseren Kindern Geborgenheit geben. Die besteht auch darin, dass sie jederzeit in allen Lebenskrisen zu uns zurückkommen können. Nur die Kombi Lukas und Cindy dürfte noch spannend werden: Cindy, die Bankkauffrau im Kostüm, und Lukas, der chillige »Cannabis muss legalisiert werden«-Junge im bunten Hemd.

Cindy und Lukas treffen fast gleichzeitig ein und beziehen ihre Zimmer, deren Betten wir noch frisch bezogen haben. Wir reden jeweils alleine mit unseren Kindern, dann gibt's Bolognese für alle, die ich selbstverständlich noch angesetzt hatte. Lukas und Cindy beschnuppern sich und scheinen sich gegenseitig gar nicht so bescheuert zu finden, wie wir befürchtet hatten.

Am nächsten Morgen ist das Bad belegt, zuerst von Cindy und dann von Lukas – seit wann steht der eigentlich so früh auf? Suzi und ich hängen in der Warteschleife zum Duschen, obwohl wir schon längst losmüssten.

Am Abend ist der Kühlschrank offenbar von Lukas geplündert – und zugleich neu gefüllt mit Lebensmitteln, die ich nie verwenden würde – offenbar von Cindy. Und was für eine Überraschung! Cindy und Lukas haben zusammen für uns gekocht, in einer halben Stunde gibt es Essen – dabei war ich eigentlich für heute Abend mit Kikki verabredet, und Suzi wollte mit Robert und Michael ins Kino. Aber wenn die Kinder schon mal da sind und dann auch noch extra für uns kochen – da bleiben wir natürlich daheim! Wobei der Abend dann abrupt endet, denn

Lukas hatte vergessen, dass heute ja noch eine Party in einem Club ist, und Cindys Mann bittet sie dringendst um ein klärendes Gespräch.

Suzi und ich sitzen noch eine Weile in der Küche herum, ehe wir uns ins Schlafzimmer begeben.

Und so liegt Suzi nun wieder im Ehebett neben mir. Leider schnarcht sie so laut wie vergangene Nacht, sodass ich nicht einschlafen kann.

Am nächsten Tag behauptet Suzi, ich hätte ab drei Uhr nachts so laut geschnarcht, dass sie nicht zur Ruhe gekommen sei. Wir lachen über die verschiedene Wahrnehmung.

Drei Tage später lachen wir vor Übermüdung gar nicht mehr, während wir unsere Kinder aus der Küche lachen hören – die beiden verstehen sich prächtig.

In Suzi kocht es spürbar. »Die haben ein Terrorregime errichtet!«, erklärt sie mir aufgebracht.

Cindy hat einen detaillierten Einkaufsplan erstellt, nachdem sie die ganzen Küchenschränke inspiziert hatte. Bürokratisch genau hat sie Listen geschrieben, was wie zu welchem Gericht zu verwenden sein könnte und wie man den Einsatz planen könne. Und Lukas ist begeistert: »Endlich sind Vorratshaltung und Einkaufen hier mal strukturiert!« Er eilt von Laden zu Laden und besorgt alles. Lukas! Der Junge, der sich immer aufregte, wenn sein Vater darauf bestand, dass täglich pünktlich um zwanzig Uhr gemeinsam zu Abend gegessen wird. Cindy wiederum ist begeistert von Lukas, wie Suzi berichtet, denn der nähme mit seiner chilligen Art nicht alles so genau und brächte von seinem Einkauf auch mal völlig abwegige Lebensmittel wie Granatäpfel statt rotem Pfeffer mit. Echt süß sei der!

Dass die beiden sich so gut verstehen – wunderbar! Aber jetzt erwarten sie von uns ständig, dass wir uns ihrer WG- oder Patchworkidylle, oder was immer das auch ist, anschließen und unbedingt mit dabei sein müssten, wenn sie gerade etwas Geiles kochen, oder sie planen einfach einen Spieleabend ein, ohne uns zu fragen, ob wir da auch Zeit hätten. Die gehen automatisch davon aus, dass wir uns über ihre Anwesenheit ständig freuen – und zugleich nehmen sie alles in Beschlag: Sie belegen *täglich* das Badezimmer immer genau dann, wenn Suzi und ich es eilig haben und eigentlich Vorrang haben müssten, weil wir außer Haus müssen. Oder in der Küche sitzen plötzlich acht junge Lukas-Freunde und trinken grölend Bier. Oder Cindy »organisiert« schon wieder unseren Vorratsschrank neu, sodass meine ganzen Basics plötzlich verschwunden oder verkocht sind oder ich sie einfach nicht mehr finde.

Und vor allem hocken Suzi und ich eng aufeinander und wünschen uns jeweils, nur mal in Ruhe telefonieren können, ohne dass jemand nebenan sitzt und zuhört.

Während mir immer öfter Suzis beiläufige Bemerkung vom »Terrorregime« durch den Kopf geht, ist meine Freundin schon einen Schritt voraus.

»So geht das nicht mehr weiter!«, sagt sie morgens nach dem Aufwachen und richtet sich auf.

»Ich hab auch schlecht geschlafen, die Ohrstöpsel nützen nichts!«, erkläre ich verpennt.

»Nicht nur das! Die tyrannisieren uns!«, schimpft Suzi.

»Jetzt übertreib mal nicht!«, wende ich ein. »Sollen wir sie nun vor die Tür setzen?«

»Nein, wir machen das geschickter«, sagt Suzi und zieht sich einen Morgenmantel über. »Ich brauch wieder ein Zimmer für mich allein. Und die sollen zusammen eins nehmen!«

»Aber Cindy ist ja schon 36 und Lukas 22, die können wir doch nicht einfach so zusammenstecken.«

»Eben, weil die schon so alt sind, geht das!«, kontert Suzi. »Und die verstehen sich doch prima! Freilich weil sie immer ihren Rückzugsort haben. Die haben leicht reden!«

»Schon, aber …«, beginne ich.

»Also, nicht falsch verstehen, das ist natürlich immer noch deine Wohnung, und ich kann Cindy auch ins Hotel schicken, Geld hat sie ja …«

»Nein!«, erkläre ich. Tatsächlich hatte ich vorher auch schon mal den Gedanken gehabt, dass es ja eigentlich *meine* Wohnung ist. Aber Suzi hat schon recht. Es geht um was anderes. Wir müssen uns als Mütter wohl noch mal neu Respekt verschaffen.

Mir fällt Virginia Woolf und ihr berühmter Essay *Ein Zimmer für sich allein* ein. Genau dieses Zimmer fehlt. Der 1882 geborenen Schriftstellerin ging es darum, dass Frauen eigene Aufgaben und Berufe ausüben und sich konzentrieren können, wenn die Väter und Mütter auch Töchtern eigene Räume zur Entfaltung zugestehen.

Jetzt ist es fast umgekehrt – von den Eltern können wir uns abnabeln, und wir suchen uns unsere eigenen Wohnungen und Räume. Suzis und meine Achillesferse sind aktuell aber unsere Kinder. Die »drängen« uns zur »Versippung«, ohne uns einen Freiraum zu lassen.

»Ihr zwei Süßen«, erklärt Suzi noch vor dem Frühstück Lukas und Cindy, »Monika und ich haben uns besprochen. Wir haben beide sehr viel zu lernen, beziehungsweise zu arbeiten, deshalb brauchen wir mal vorübergehend unsere Zimmer für uns alleine zurück. Macht es euch was aus, wenn ihr beide zusammen Evas altes Zimmer belegt? Wenn ihr euch nicht so gut verstehen würdet, würden wir das gar nicht verlangen!« Ohne eine Antwort abzuwarten, fügt Suzi hinzu: »Am besten räumt ihr jetzt gleich schon um! Dann ist auch das Badezimmer für uns frei, denn wir haben es eilig, und ihr müsst ja nicht außer Haus.«

Cindy und Lukas schauen etwas verdattert, aber nicken.
»No prob!«, meint Lukas.
»Kein Thema«, erklärt Cindy.
»Wir sind ja schließlich keine Ghostkids«, führt Lukas aus.
»Was?«, fragen Suzi und ich gleichzeitig.
»Na Kinder, die die Eltern wie Vampire aussaugen!«, erklärt Cindy.
»So ähnlich!«, grinst Lukas und zwinkert Cindy zu.

Die nächsten Tage werden sehr viel entspannter. Suzi und ich schlafen wieder gut. Und die Kids starten kaum noch größere Aktivitäten in der Wohnung, weil sie plötzlich sehr viel Zeit außerhalb der eigenen vier Wände verbringen. Cindy geht ins Museum, Lukas treibt sich mit Freunden herum – und abends sitzen wir ganz locker zum Abendessen zusammen, das wir abwechselnd kochen, beziehungsweise doch überwiegend die Jungen, die nun sagen: »Komisch, dass man Mütter nie so ganz in ihrer Privatsphäre respektiert!«

Oha! Suzi und ich fallen fast vom Stuhl bei dieser Aussage. Wie wunderbar haben wir die Kinder doch erzogen, dass sie das erkennen und uns zugestehen! Dafür lieben wir sie! Und unser Eigeninteresse an unseren Rückzugsorten hatte offenbar sogar noch einen pädagogischen Nutzen!

Wir können stolz auf uns sein!

Aber einen Tag später ist schon wieder alles anders – die Kinder sind weg, und wir vermissen sie sofort unendlich. Ihr Mann bat Cindy, zurückzukommen, und Lukas hat eine neue WG gefunden. Suzi und ich müssen einen Tag daran knabbern, uns nicht vorzuwerfen, wir hätten sie mit der Zimmerzusammenlegung vertrieben – alles wäre auch ohne unser Zutun so gekommen, sagen wir uns –, und laden zur Feier des Tages Voss und seine Weinflaschen ein, denn wer weiß, wie lange wir dieses Mal sturmfrei haben. Das sagen wir uns zum Trost vor und wissen doch genau, dass hier so schnell keine Wirbelstürme mehr aufziehen werden.

Eiche, geölt

»Schau!« Suzi kommt nach einem verlängerten Wochenende bei alten Bekannten zurück. Edgar und Luise hatten mit ihr »vor hundert Jahren« mal einen Italienischkurs in Triest gemacht, waren danach ein Paar geworden und hatten sich an einem oberbayerischen See mit Privatzugang in einer kleinen Villa niedergelassen. Laut Suzi ein »traumhafter Ort«, wer hat das schon, einen kleinen Badestrand samt Bootssteg für sich alleine? Und dann die schöne Villa mit Stuckdecken, Lüstern und fein ausgesuchten Antiquitäten.

»Schau!«, fordert mich Suzi erneut auf, obwohl ich auf das Bild, das sie mir vor die Nase hält, bereits länger starre.

»Was soll das sein? Ein Sarg?«

»Ja!«, ruft Suzi. »Eiche, geölt, sozusagen der Mercedes unter den Särgen!«

»Wie kommst du jetzt dazu? Warum? Ist wer gestorben?«, frage ich.

»Nein! Das Bild häng ich jetzt bei mir auf.«

»Suzi? Geht es dir gut?«, frage ich besorgt.

»Bestens!«, erklärt Suzi und lächelt. »Und eben deshalb häng ich den Sarg bei mir auf, damit das auch so bleibt!«

Also, ich kenne Leute, die dekorieren ihre Wände mit Blumenbildern oder Malereien oder Wandteppichen – aber mit einem Sargbild das Zimmer zu verschönern kam mir noch nie unter.

»Aber bitte nicht im Wohnzimmer!«, flehe ich fast.

»Keine Sorge!«, meint Suzi, »ist mir schon klar, dass das nichts für schwache Nerven ist.«

»Wie bitte schön kommt man auf so eine Idee?«, frage ich.
»Nach einem Besuch bei Zombies!«, erklärt Suzi.
»Edgar und Luise?«
»Ja, genau! Die sind lebendig begraben in ihrer Seezugangsvilla!«
»War es nicht schön?«
»Die haben sich alle Mühe gegeben – gutes Essen, der See traumhaft ohne irgendwelche anderen Badegäste direkt neben einem. Die leichten Wellen plätschern hören, da unter Bäumen sitzen, einen Cocktail trinken ... Alles wunderbar!«
»Aber?«
»Zuerst hab ich das ja noch genossen. Aber dann die Gespräche – und wie die herumschlichen ... Die erzählen immer noch das gleiche Zeug wie vor dreißig Jahren schon. Über Musik, Politik, die anderen Menschen. Die sind wie erstarrt. Kannst du dir vorstellen, dass ich nicht mehr hören mag, dass das Olivenöl aus der Toskana das beste ist? Dass es mich langweilt, wenn sie von korrupten Politikern ganz allgemein sprechen? Und wie öde es ist, zum hunderttausendsten Mal zu vernehmen, dass Italienisch einfach schon als Sprache Musik sei, weil die Wörter viel mehr Vokale enthalten.«
»Klingt nicht gerade aufregend.«
»Und gefühlt acht Stunden musste ich mir anhören, wie sie zu welcher Antiquität in Florenz oder Amsterdam gekommen sind, was der jeweilige Stil der Zeit war und wie wichtig es ist, welche Geschichten diese Möbelstücke erzählen.«
»Aha, Möbelstücke erzählen Geschichten ...«, versuche ich zu verstehen.
»Ja, die erzählen Geschichten, wenn sonst niemand mehr was erzählt. Stell dir vor, da wagte doch sogar eine Nachbarin zu klingeln«, berichtet Suzi ironisch. »Denn deren Sohn hatte aus Versehen einen Ball auf das Grundstück von Edgar und Luise

gekickt. Wortlos ließen sie die Frau stehen, Edgar holte den Ball und übergab ihn mit einem mürrischen ›Schon in Ordnung!‹. Keine Nachfrage zu dem Kind, kein Lächeln, nichts.«

»Vielleicht verstehen die sich einfach nicht, du weißt ja nicht, was da früher eventuell mal vorgefallen ist.«

»Nein, nein!«, stöhnt Suzi auf. »Sie hätten ja nichts gegen Kinder, aber das dauernde Durcheinander mit denen nerve schon ordentlich. ›Dauerndes Durcheinander!‹«, äfft Suzi wohl Edgar nach. »Weil da einmal ein Ball rübergeflogen ist. Und an all den anderen Nachbarn haben sie auch kein gutes Haar gelassen. Würden nur Party machen oder seien neureich oder was weiß ich noch alles. Weißt du, wie das bei Edgar und Luise ist? Nur noch deprimierend. Die Welt sei schlecht und ließe sie nicht in Ruhe. Das nenn ich lebendig begraben!«

Ich verstehe.

»Und mit großer Freude werde ich mich demnächst wieder an einen öffentlichen Badestrand am See legen und das turbulente Leben um mich herum genießen. Vielleicht klau ich sogar einem Kind einen Ball und kick ihn zurück!«

Ich grinse.

»Und bis dahin häng ich dieses Sargbild auf, falls ich mir mal wieder selbst leidtue, nicht so reich zu sein und für mein Geld arbeiten zu müssen. Und freu mich über meine Lebendigkeit«

Generation Gulaschsuppe
Eine WhatsApp-Story

Montag

Suzi
Gulaschsuppe!
Deswegen hat die Sparkassentussi abgelehnt! ☹
16.14

Christiane
Wie?
16.45

Suzi
So eine junge »Ich hab schon mit neunzehn meine erste Immobilie gekauft«-Tante hat sich abschätzig über Gulaschsuppe geäußert.
16.49

MB
Bist du mit ihr Mittag essen gewesen? Hast du eine Gulaschsuppe bestellt?
16.51

Suzi
Nein, sie hat sich über meinen Businessplan mokiert.
16.53

Christiane
Was hat der mit einer Gulaschsuppe zu tun?

16.55

Suzi
Na, in dem Konzept steht die Gulaschsuppe als Beispiel für Gerichte aus der Suppenküche.

17.05

Christiane
Wo liegt das Problem?

17.08

Suzi
Ich sei nicht zeitgemäß. Nur gesund und vegan wäre angesagt.

17.10

MB
Was ist schon gesund?

17.11

Christiane
Viel Gemüse.

17.12

MB
Klar. Und keine tierischen Fette.

17.14

Christiane
Ballaststoffe.

17.15

MB
Mit Zucker und Salz sparen.

17.17

Christiane
Obst! Viel Obst und Salat.

17.18

MB
Obstsalat! ;-) …
Aber das wird ja eine Suppenküche!

17.20

Suzi
Ich will auch noch zwei oder drei andere Gerichte anbieten außer den Suppen. Vielleicht wirklich ein paar Salate.

17.24

Christiane
Und frisch gepresste Obstsäfte, hatten wir ja schon besprochen.

17.26

Suzi
Ja, genau, steht auf dem Plan.

17.27

MB
Gesund sind auch Olivenöl und guter Essig aus Italien!

17.29

Suzi
Sowieso, he, ich hab in Italien kochen gelernt!

17.31

MB
Minestrone ist dann Pflicht. ;-)

17.32

Suzi
Da gibt's übrigens ganz viele Varianten.

17.34

Christiane
Hab auch ein super Rezept aus dem Trentino.
Da gehört Gerste und Speck rein.

17.36

MB
Wenig Wurst und Fleisch ist gesund.

17.37

Suzi
Womit wir wieder bei der Gulaschsuppe sind.

17.38

MB
Dein Rezept ist aber fantastisch, die Gulaschsuppe
war ein Genuss!

17.40

Suzi
Danke, aber das weiß die Tante nicht.

17.43

Christiane
Möchte ich auch gerne mal probieren!

17.45

Suzi
In der Suppenküche dann. ;-)

17.46

MB
Aber der Kredit kann doch nicht an einer Gulaschsuppe scheitern …

17.48

Suzi
Was weiß ich … so wie die geschaut hat!

17.50

Christiane
Aber mal provokative Gegenfrage: Was spricht denn gegen eine vegetarische Küche, muss ja nicht gleich vegan sein?

17.59

Suzi
Vegetarische und vegane Lokale schießen gerade wie die Pilze aus dem Boden! Die werden bald alle satthaben. Deshalb wollte ich auch etwas mit Fleisch anbieten, eben wegen dieser Konkurrenz.

18.09

Christiane
Erbsensuppe mit Wiener Würstchen! Ein Rezept
von meiner Mama, ach! Koch ich heute gleich.

18.11

MB
Wenn du viel mit Fleisch machst, ist's aber nicht
mehr gesund, und dann hast du die ganze gesunde
Konkurrenz.

18.14

Christiane
Biofleisch!

18.15

MB
Das ist trotzdem Fleisch!

18.16

Suzi
Und wird teuer!

18.17

Christiane
Regionaler Metzger wenigstens.

18.20

Suzi
Wer sagt eigentlich, dass Fleisch wirklich
so schädlich ist?

18.23

Christiane
Alle …
18.23

MB
Es kommt auf die Mengen an.
18.24

Suzi
Hab grad gegoogelt – da gibt's Unmengen an Büchern zu gesunder Ernährung und ob mit oder ohne Fleisch besser ist.
18.43

MB
Und jeder sagt was anderes.
18.46

Christiane
Wie im Freundeskreis. Die einen schwören auf ungesättigte Fettsäuren, die anderen auf Cholesterinsenker.
18.50

MB
Die mit den Cholesterinsenkern sind dann aber meist schon über sechzig.
18.54

Christiane
😀 Stimmt!
18.54

Suzi
Nicht so wichtig – soll ja ein Mittagstisch werden, und da kommen die Leute aus den Büros, und die sind jünger.

18.56

Christiane
Unbedingt frische Zutaten!

18.58

Suzi
Eh klar!

18.58

MB
Weiß doch eigentlich jeder längst … nur die Faulheit lässt viele zu Junkfood greifen.

19.03

Christiane
Na ja, ab und zu hab ich wirklich Lust auf einen Burger.

19.05

Suzi
Das Leben soll ja auch Spaß machen, und dazu gehört auch Sündigen.

19.07

MB
Da hast du es schon an der Wortwahl: »Sündigen«. Gesunde Ernährung ist heute fast wie eine Ersatzreligion.

19.09

Christiane
Jetzt übertreibst du aber!

19.13

MB
Seitdem die Leute nicht mehr an Gott glauben, wollen sie möglichst lange leben, weil sie nicht mehr davon ausgehen, in den Himmel zu kommen. Und deshalb ist uns Gesundheit so wichtig geworden. Früher gab's auch keine Vorsorgeuntersuchungen!

19.25

Suzi
Das ist doch gut! So leben wir länger!

19.26

MB
Ich sag ja nicht, dass es schlecht ist. Ich mein bloß, dass wir das vielleicht zu ernst nehmen – TIERISCH ERNST! Siehe Gulaschsuppe und Banktussi.

19.28

Christiane
😄

19.28

Suzi
Vor allem die Jüngeren

19.30

Christiane
Obwohl die noch gar kein Cholesterinproblem haben.

19.31

MB
Aber die haben ein Fitnessproblem mit Proteinen. Wollen Muskeln aufbauen und suchen dabei nach einem gesundem Ernährungsplan. Schaut euch mal die Jungs an, vor allem, kenne kaum einen mehr, der nicht ins Fitnessstudio geht. Als wir so alt waren, fanden wir Bodybuilder bescheuert.

19.35

Christiane
Genau!

19.36

Suzi
Und die Generation vor uns war froh, überhaupt was zu essen zu haben.

19.38

Christiane
Und so viele Menschen hungern heute noch.

19.40

MB
Ja, und wir machen einen Kult daraus. Aber nicht wieder falsch verstehen, ist schon in Ordnung. Bloß manchmal heftig übertrieben.

19.42

Suzi
Siehe Gulaschsuppe. ☺

19.43

MB
Die Gulaschsuppe wird jetzt zu unserem Running Gag.

19.45

Suzi
Und ich möchte jetzt wissen, was es mit Fleisch und veganer Ernährung an sich auf sich hat. Könnt ihr mir helfen, da was Zuverlässiges zu finden?

19.48

MB
Das wird schwierig. Ernährungswissenschaft ist eine der vagsten Wissenschaften überhaupt.

19.53

Christiane
?

19.53

MB
Nur als Beispiel: Wenn du untersuchst, wie oft ein Mensch Fleisch isst und wie alt er wird, ist das zunächst eine Korrelation und keine Kausalität. Ein Mensch kann dazu viel Pommes essen oder auch frisches Gemüse. Und dann weißt du nicht mehr, ob ihn jetzt das viele Fleisch oder die vielen Pommes früher sterben ließen.

20.01

Christiane
Jetzt wird's allmählich kompliziert – aber auch interessant!
Ihr müsst auch bedenken, dass hinter vielen Ernährungstrends
auch eine Industrie steckt. Schaut euch mal die ganzen
Diätprodukte an! Da machen einige Firmen einen großen
Reibach.
20.07

MB
Hör mir bloß auf mit Diäten – hab ich als junge Frau
gemacht, und dann kam immer der Jo-Jo-Effekt!
20.11

Suzi
Und dann gibt's da noch die Leute, die sich als was
Besseres fühlen, wenn sie exklusiv einkaufen – wie
meine Schülerkollegen neulich.
20.15

Christiane
Da gibt's auf dem Wochenmarkt auch ein
paar so Kandidaten!
20.17

MB
Nennt sich auch Abgrenzung eines Milieus.
Ich geh auch liebend gern gut essen – aber es geht ums
Predigen ... seht ihr, schon wieder so ein religiöser
Begriff!
20.23

Suzi
Also, mir wird das jetzt zu viel.
Ich hab eine andere Idee. Ich koch uns eine
Gulaschsuppe, und wir machen Mädelsabend.
Habt ihr morgen Zeit?

20.29

MB
Ja!

20.30

Christiane
Gern! Freu mich!

20.31

Suzi
Außerdem hab ich morgen auch noch was vor.

20.36

Christiane
Was?

20.37

Christiane
Suzi, was hast du denn noch vor?

20.48

Christiane
?

21.00

MB
Suzi spannt gern auf die Folter ... Ich sag's dir!

21.05

Dienstag

Suzi
Mein Plan ist aufgegangen, wir haben heute einen Grund zu feiern!

12.45

MB
Welcher Plan?

12.47

Suzi
Hab der Banktussi einen Teller Gulaschsuppe gebracht – und ihrem Kollegen, der in unserem Alter ist, auch einen Teller.

12.55

Christiane
Und das hat sie überzeugt?

12.57

Suzi
Nein, aber geärgert. Und dazu musste sie zwangsweise lächeln, also gute Miene zum bösen Spiel machen.
Und der ältere Kollege wird sicher nachfragen, was da los war ... und dann landet der ganze Vorgang womöglich beim Chef, und sie muss sich rechtfertigen, hihi ...

13.10

MB
☺

13.10

Suzi
Ui! Der ältere Kollege schrieb eben, er würde mit mir gerne noch mal das Konzept durchgehen – die Suppe habe so gut geschmeckt! YES!

15.45

Christiane
Super! Dann bis später. Ich bring frisches Obst und einen Champagner mit. Soll ja schließlich nicht alles ganz so gesund sein!

15.48

Du-Sie-Suzi

Es gibt ja unzählige Menschheitsrätsel. Warum sind die Feen ausgestorben, aber Horoskope haben überlebt? Wieso laufen junge Männer mit solch ausgebeulten Hosentaschen herum, dass sie aussehen wie Frauen mit breiten Hüften? Warum hat noch niemand einen selbstputzenden Kühlschrank erfunden? Gibt es wirklich einen lieben Gott, wenn er die Pfunde ab vierzig Jahren nur noch mit höchster Anstrengung purzeln lässt? Warum sind Lateinlehrerinnen meist so beigefarben angezogen? Gibt es einen Zusammenhang zwischen dem Patriarchat und weiblicher Altersarmut? Welcher Kobold versteckt eigentlich ständig meine Lesebrille? Wieso hat die Schmitt im Lotto gewonnen und ich noch nie?

Suzi ist auch so ein Rätsel.

In der Sauna treffen wir auf zwei Frauen unseres Alters, und eine fragt Suzi:
»Kannst *du* mir mal den Kübel geben?«
»Geb ich *Ihnen* gerne, Frau …?«
»Hesger.«
»Stets zu Diensten, Frau Hesger!« Suzi reicht ihr den Eimer.
»Ich bin die Frau Sommer!«

Voss kommt mit seinen Jungs zu uns, sie brauchen einen Tipp für die Ausländerbehörde.
»Frau Sommer, könnten Sie denn bitte …«, fragt einer.

»Ich bin die Suzi, einfach nur Suzi!«, erklärt die Freundin freundlich nebenbei.

»Wenn Sie mir schon so einen Schrott verkaufen wollen, dann bitte mit Respekt! Ich bin nicht ›deine Suzi‹, sondern möchte gefälligst gesiezt werden!«, schreit meine Mitbewohnerin einen Werbeanrufer durchs Handy an und legt auf.

»Suzi?«, fragt der Taxifahrer, der über den Fahrdienst gerufen wurde und mit dem wir zu einer Vernissage fahren. »Ich hab leider nur Ihren Vornamen, um Auftraggeber zu verifizieren!«
»Kein Problem, sag einfach Suzi, Ahmet! Ich hab auch nur deinen Vornamen und das Kennzeichen.«

»Das ist Britta!«, stellt Kikki auf der Vernissage eine Freundin vor. »Sie sucht auch gerade eine neue Aufgabe.«
Britta kichert. »Ich mache jetzt auch Kunst. Wollte ich schon immer. Wie schön, dass ich das jetzt kann, die Kinder sind groß, und bei meinem Mann in der Praxis kann ich die Bilder auch ausstellen! Ich sag ›Du‹, oder?«
Damit dreht sich Britta weg, eine Antwort nicht abwartend, ehe sie Suzi kurz darauf ein Glas Sekt hinhält: »Für dich!«
»›Für Sie‹ wär mir lieber«, erklärt Suzi freundlich, in Kauf nehmend, dass ihr Gegenüber davon gehörig irritiert ist und bei der nächsten Runde Sekt Suzi und mich auslässt.

Das lässt mir jetzt keine Ruhe mehr. »Ich verstehe deine Logik nicht, Suzi!«, erkläre ich. »Einmal ›Sie‹, dann wieder ›Du‹«?
»Sind wir Frauen denn logisch?«, kontert Suzi kichernd.
»Das sagen die Männer!«, erkläre ich, »ich verstehe uns schon. Aber dich nicht. Du bist doch sonst mit deinem Verhalten ... wie soll ich sagen: berechenbar.«

»Bin ich auch in diesem Fall«, erklärt Suzi.

Ah, sie wollte mir nur mal wieder nicht gleich sagen, was sie mal zum Du und mal zum Sie bewegt.

»Das ist ganz einfach«, führt sie aus. »Alle, die so tun, als gehöre ich automatisch zu ihnen und ihrem Milieu, oder die das Du aufdringlich fordern, kriegen es nicht, alle anderen schon. Vor allem auch die Jüngeren, die zunächst mal Respekt zeigen. Und auch natürlich alle Mitarbeiter amerikanischer Konzerne, bei denen das einfach üblich ist.«

»Aber diese Britta eben«, hake ich nach, »hat doch eigentlich ganz nett gefragt.«

»Ach, die wollte ich einfach ärgern, weil die so kunstbeflissen tut und sich für was Besseres hält mit ihrem Zahnarztgatten«, sagt Suzi. »Kikki wollte nämlich bei deren Mann in der Praxis auch ihre Bilder ausstellen, und da ist dieser Britta plötzlich eingefallen, dass sie ja auch malen könnte, und hat sich mit ihren Bildern vorgedrängelt. Anstandslos!«, regt sich Suzi auf.

»Okay, Suzi, ich ändere meine Meinung«, sage ich lächelnd, »Du bist doch ganz klar, auch wenn das von außen keiner versteht. Aber wer versteht schon uns Frauen?«, scherze ich.

»Diese Britta bestimmt«, erklärt Suzi, nimmt eine Flasche Sekt und schenkt allen anwesenden Gästen im Raum nach. Dabei bietet Suzi lautstark allen anderen Gästen das »Du« an. Britta hört das natürlich und verlässt ein paar Minuten später wortlos und versteinert die Vernissage.

Kikki kommt zu Suzi und mir: »Danke, Suzi!«, erklärt Kikki leise, »dass du mir die vom Hals geschafft hast!« Wir stoßen darauf an.

So ein Theater!
Eine WhatsApp-Story

Montag

Suzi
Könnt ihr schnell mal in die Zamzowstraße 7 kommen?
15.23

MB
Sofort?
15.24

Christiane
Bin gerade beim Küchenplaner, ganz schlecht. Jede Frau sollte sich mit sechzig noch mal eine neue Küche kaufen. Hinterher ist sie zu alt. Jetzt geht es gerade noch. Und dann kann sie die Rente in der neuen Küche genießen.
15.35

MB
Ach, Christiane ... du und dein Einrichtungswahnsinn!
15.36

Suzi
Genau deshalb brauch ich dich, Christiane!
15.37

MB
Worum geht's denn, Suzi?
15.38

Suzi
Bin in einem Ladenlokal. Der Typ hier hat gesagt,
er will aufhören. Das könnte meine Suppenküche werden!
Bisschen altmodisch, aber Christiane wüsste bestimmt,
wie man sie aufmotzen kann.
15.41

Christiane
Morgen hab ich Zeit.
15.45

MB
Da könnt ich auch.
15.46

Christiane
Kostet?
15.47

Suzi
Er hat gesagt, supergünstig. Schnäppchen.
Der Vermieter ist fair.
15.49

MB
Frag da erst mal nach.
15.50

Suzi
Der Typ hier sagt, ich muss schnell sein.
Da stehen schon viele andere Schlange, die den Laden übernehmen wollen.

15.53

Christiane
Vorsicht!

15.54

Suzi
? Warum?

15.54

Christiane
Erste Verhandlungstaktik: Den anderen überrumpeln mit einem vermeintlich super Angebot.

15.57

Suzi
Aber der Kerl ist echt nett!

15.59

MB
Wie alt bist du, Suzi? 😼

15.59

Christiane
Das war jetzt aber gemein!

16.01

MB
Nett ist jeder, wenn es ihm nützt!
Das hast du selbst gesagt, Suzi!

16.03

Christiane
Warum hört er eigentlich auf?

16.10

Suzi
Weiß nicht.

16.12

Christiane
Frag ihn mal!

16.13

Suzi
Private Gründe, sagt er.

16.19

MB
Ist der Laden voll?

16.21

Suzi
Nein, leer.

16.22

Christiane
Wie ist denn die Lage?

16.24

Suzi
Was meinst du damit?
16.25

Christiane
Na, eine Ecke, in der viel los ist oder Büros in der Nähe, von denen aus dann viele mittags zum Essen kommen.
16.28

Suzi
Nein, eher tote Hose hier.
16.31

MB
Vielleicht hört er auf, weil er kein Geschäft macht.
16.32

Christiane
Eben.
16.33

Suzi
Aber er hat einen schnöden Imbiss, ich mach eine Suppenküche, das ist ganz was anderes.
16.36

MB
Die Lage bleibt aber gleich, Christiane hat recht.
16.38

Suzi
O. k. Dann will ich es jetzt wissen.

16.40

Suzi
OMG! Wie blöd bin ich eigentlich?! Wie gut,
dass ihr mich gewarnt habt, ich war echt zu naiv.

16.45

MB
Gegenüber uns selbst sind wir oft betriebsblind,
auch in unserem Alter.

16.47

Suzi
Der will 80 000 Euro Ablöse für Küche und Einrichtung!!!

16.49

MB
Ah, da ist der Haken!

16.50

Christiane
Guck einfach weiter, schau dir viel an, dann kriegst
du Erfahrung in der Raumsuche.

16.53

Suzi
Mach ich jetzt! Grrr! Jetzt hab ich eine Wut.
Ich lass mich doch nicht für blöd verkaufen!

16.56

Mittwoch

Suzi
Hier! In der Goethestraße! Ladenlokal 50 qm ohne Ablöse!
Online gefunden. Der Laden läuft. Bin jetzt drin.
Viel Kundschaft.

13.25

MB
Klingt gut.

13.26

Suzi
Spreche ihn gleich an, wenn es ruhiger ist.
Viele zahlen schon und gehen.

13.29

Christiane
Bin gespannt.

13.30

Suzi
Mist! Die Miete! 4000 Euro!
Das muss man erst mal erwirtschaften.

13.55

Christiane
Das ist entschieden zu hoch, auch für eine super Lage!

13.59

MB
Weitersuchen! Außerdem hast du noch Zeit.

14.04

Suzi
Stimmt. Eigentlich ist es noch zu früh. Ich brauch ja noch eine Weile mit der Fortbildung, und die hören schon in vier Wochen auf.

14.10

Christiane
Und das sagst du erst jetzt? Aber okay, du sammelst erst mal Erfahrungen.

14.13

Suzi
Ja! Ich lern jetzt die Fallstricke kennen, dann kann mich keiner verarschen.

14.15

MB
Gute Vorbereitung nennt man das.

14.18

Samstag

Suzi
Bin auf einem Besichtigungstermin. Laden würde passen. Wenig Ablöse, 1500 Euro Miete. Angemessen. Aber: Zwanzig andere Leute da. Jeder füllt eine Selbstauskunft aus. Und der Vermieter will ein Konzept. Die Leute bis auf einen alle jung.

> Reden von hippen Vorstellungen. Wie sie den Laden mit neuesten Foodtrends brummen lassen werden.
>
> 10.32

> **Christiane**
> Lass dich nicht einschüchtern!
>
> 10.34

> **Suzi**
> Schon passiert. ☹
>
> 10.35

> **MB**
> Komm schon, das passt nicht zu dir!
>
> 10.37

> **Suzi**
> Nein, schon passiert – der Vermieter hat schon gesagt, für ihn kommt nur Innovatives infrage. Ich bin draußen.
>
> 10.40

> **Christiane**
> Blöd.
>
> 10.41

> **Suzi**
> Nein! Gutes Training! Probelauf sozusagen.
>
> 10.44

> **MB**
> Klasse, das so zu sehen!
>
> 10.45

Dienstag

Suzi
Ich hab eine super Idee! Neuer Laden, passt alles.
Morgen Besichtigungstermin. Ich nehm den Voss mit!

18.14

MB
Den Voss??? Warum?

18.16

Christiane
Der aus dem Erdgeschoss bei euch?

18.18

MB
Genau der, Christiane. Warum um Himmels willen?
Der schadet dir doch eher als …

18.22

Suzi
Nein! Der soll mitkommen als eigener Bewerber.
Und sich gehörig aufführen.

18.25

MB
?

18.25

Suzi
Der soll alles schlechtreden, herumnörgeln.
Preis drücken wollen.

18.32

Christiane
Ich komm auch. Das will ich sehen!

18.34

Suzi
Aber wir müssen so tun, als ob wir uns nicht kennen.

18.35

Christiane
Klar!

18.36

MB
Ich verstehe immer noch nicht …

18.40

Christiane
Ich werde mich dort auch aufführen.
Ihm die ganze Einrichtung verbal zerlegen!

18.53

Suzi
Super!

18.53

Christiane
Ha! Und ich kenn noch zwei richtige Schauspieler,
die mir einen Gefallen schulden. Die nehmen wir auch mit!

18.57

Suzi
👍👍👍 Das wird ein Riesenspaß.

18.59

MB
Ich steh auf der Leitung! ☺ Bitte sagt endlich ...
19.10

Christiane
Wir führen uns alle auf, und Suzi sagt dann freundlichst als Einzige, wie toll sie den Laden findet, dass sie zuverlässig ist ...
19.14

Suzi
... nur je nach Sachlage, ob er mit dem Preis nicht ein wenig heruntergehen kann, denn ich hätte ein langfristiges, gut durchdachtes Konzept.
19.19

MB
Aber da werden noch andere Bewerber kommen!
19.21

Christiane
Ja, aber die stecken wir an mit unseren Nörgeleien und Bedenken, wenn da so viel schlechtgeredet wird, kriegen die auch Zweifel und verlieren das Interesse.
19.26

MB
Übt das vorher kurz ein. Trefft euch schon früher ...
19.30

Suzi
Nein, wir machen Improvisationstheater.
Besser, damit es nicht gekünstelt wirkt.

19.34

Mittwoch

Suzi
Bin schon da, warte vor der Tür.

11.52

Christiane
Im Anflug, bin in fünf Minuten da.

11.53

Suzi
Voss kommt auch gerade.

11.54

Christiane
Meine Schauspieler suchen noch Parkplatz, auch gleich da.

11.55

MB
Ich warte gespannt!

11.56

Suzi
Christiane hat ihm die ganzen Räume zerlegt,
die Küche sei unmöglich.

12.34

Christiane
Kurzer Liveticker: Voss in Höchstform, Schauspieler genial, Mitbewerber angesteckt!!!

12.38

MB
 Ihr seid super!

12.39

Christiane
Suzi sagt jetzt, dass sie den Laden charmant findet, ganz große Klasse – Vermieter ganz angetan von ihr.

12.55

MB

12.55

Christiane
Gehen gerade alle, nur Suzi noch im Laden.

13.04

SUZI
Zusage!!!! Juhuuu! Zum übernächsten Ersten kann ich den Laden haben. Das feiern wir heute noch! Cheers! Auf das Improvisationstheater!

13.20

Schwarze Witwe

Suzi und ich brechen zum Walken auf. Wie gefühlt immer zeigt die Ampel an der letzten Kreuzung, die wir auf dem Weg zum Park überqueren müssen, Rot. An diesem sonnigen Tag warten dort viele, um sich später im Park wieder zu verlaufen. Neben uns steht eine ganz in Schwarz gekleidete Frau in unserem Alter, auf dem Kopf ein schwarzer Hut mit Schleier.

»Das sieht aber gut aus, Ihr Hut!«, spricht Suzi die Frau an.

»Danke!«, sagt die Frau und versucht zu lächeln, was ihr aber nicht so recht gelingt. Sie blickt kurz zu Boden, dann in den Himmel. »So ein schöner Tag!«, erklärt sie. »Und mein Thomas ist nicht mehr!«

Die Ampel schaltet auf Grün, aber wir bleiben bei der Frau stehen.

»Haben Sie jemanden verloren?«, fragt Suzi.

»Ja, meinen Mann. Jetzt bin ich siebenundfünfzig Jahre und Witwe. Wie sich das anhört!«

»Wirklich nicht gut«, versuche ich einfühlsam zu kommentieren.

»Ah, deshalb Ihr Hut!«, sagt Suzi.

»Ja, ich mache mich jetzt so für ihn schön.«

»Da haben Sie recht!«, nickt Suzi.

»Manche sagen, ich soll sie nicht so öffentlich zur Schau stellen, meine Trauer«, spricht die Frau weiter.

Die Ampel schaltet schon wieder auf Grün, und wir bleiben weiter stehen. Bei einer so traurigen Frau kann man doch nicht einfach weitergehen.

»So ein Quatsch!«, erkläre ich, »jeder trauert anders. Manche weinen verzweifelt, andere erstarren, manche feiern sogar Feste, und wieder andere ziehen sich nur noch zurück. Trauer ist so verschieden wie die Menschen. Gefühle kann man nicht vorschreiben, und auch nicht, wie sie sich ausdrücken.«

»Danke, das haben Sie schön gesagt!«, lächelt die Frau. »Aber gehen Sie ruhig weiter, ich möchte Sie nicht aufhalten! Ich hab Sie jetzt auch einfach so überfallen ... mit dem Tod, das will doch keiner hören.«

»Alles gut!«, sagt Suzi. »Ich hab ja schließlich Sie angesprochen.«

Suzi und ich gehen in den Park, beide wortlos, berührt von der Begegnung.

»Gut, dass ich nicht verheiratet bin, das bleibt mir erspart«, sagt Suzi. »Also, ich mein, natürlich hätte ich gerne einen Mann, aber ohne Hochzeit. ›Witwe‹ hört sich einfach schrecklich an.«

»Wusstest du, dass es eine Kugelspinne gibt, die Schwarze Witwe heißt? Sieht echt gruselig aus.«

Wir bleiben kurz stehen, und ich google ein Bild des Tiers. »Ah, die heißen jetzt Echte Witwen.«

Suzi schaut sich das Foto an. »Lädt nicht gerade zum Streicheln ein.«

»Ich weiß nicht, warum vor allem Frauen Spinnen nicht ganz geheuer sind.«

»Männern doch sicher auch nicht, die geben aber die Helden«, meint Suzi.

Wir gehen weiter.

»Und dann gibt es da auch noch Mörderinnen, die oft als Schwarze Witwen bezeichnet werden«, fällt mir ein.

»Ja, da war auch so eine Selbstmordattentäterin, die so hieß!«, weiß Suzi.

»Witwe scheint jedenfalls irgendwas Gefährliches zu sein, suggeriert uns die Sprache!«, überlege ich laut.

»Als ob Witwen töten würden, also Spinnen und tatsächliche Witwen«, antwortet Suzi. »Dabei sind die nur traurig und fertig – wenn die Ehe gut war!«, erklärt Suzi mit einem Lächeln. »Eine Freundin von meiner Mutter hingegen ist richtig aufgeblüht, nachdem der Mann gestorben ist, denn der war ein Tyrann, und als tiefkatholische Frau hatte die alte Dame sich nicht scheiden lassen.«

Wir gehen wieder weiter, länger schweigsam.

»Das Schlimmste ist ja, in meinem Bekanntenkreis gibt es nun auch schon eine«, sagt Suzi. »Da wird uns klar, wie vergänglich das Leben ist und auf was wir zusteuern.«

»Die Einschläge kommen näher!«, füge ich seufzend an.

Plötzlich bleibt Suzi stehen, atmet tief durch und schaut mich fest an: »Komm schon, wir müssen das anders sehen!«

»Wie?«

Suzi geht weiter und erhöht die Geschwindigkeit. »Wenn diese Schwarze Witwe, der wir begegnet sind, sich für ihren Gatten irgendwo da oben im Himmel vielleicht schön macht, dann sollten wir uns für die irdischen Männer schön machen und vielleicht auch ein wenig auffälliger werden.«

»Wie meinst du das?«, frage ich.

»Wir gehen nachher noch einen Hut kaufen, einem richtig schönen! Wir tragen jetzt Hut!«

Suzi lässt keinen Widerspruch zu. Gesagt, getan. Wir tragen die Hüte nun bei Spaziergängen aus – doch kein einziges Mal spricht uns irgendwer darauf an, noch nicht einmal eine Frau. Nur manchmal ernten wir interessierte Blicke. Aber ist das wichtig? Hauptsache, uns gefällt gerade eine Weile, kein alter Hut zu sein.

Bar jeder Vernunft

Hübsch dich auf! Wir gehen heute aus. Und zwar richtig. Richtig lange. In eine Bar, die neu eröffnet!«, erklärt Suzi, nachdem sie an meiner Zimmertür geklopft hat.

»Ich bin so müde, ganz kaputt von der Woche!«, protestiere ich.

»Papperlapapp!«, widerspricht Suzi. »Was soll ich da sagen? Die Vorbereitungen für die Suppenküche laufen auf Hochtouren! Ich koch dir jetzt einen guten Espresso. Es ist Freitag. Du hast das ganze Wochenende noch zum Erholen.«

»Warum muss ich denn unbedingt heute ausgehen, können wir das nicht auf morgen verschieben?«, wende ich ein.

»Nein!« Suzi verlässt die Türschwelle, und ich höre sie in der Küche einen Espresso aufsetzen.

Puh! Ich bin so müde und hatte es mir schon mit einer Tasse Tee auf dem Bett bequem gemacht.

»Hier macht eine neue Bar auf, und da müssen wir hin!«, ruft Suzi aus der Küche.

»Warum müssen ausgerechnet *wir* dorthin?«, frage ich.

»Na, um unsere Generation zu vertreten, die unsichtbaren Frauen!«

»Wie meinen?«

»Der Kaffee ist fertig!«

Der Geruch und die Neugier treiben mich aus dem Bett.

Freundlich lächelnd serviert mir Suzi den Espresso mit einem Schuss Milch und einem kleinen Keks. »Da, wo früher mal der alte Grieche war, der Dimitri, macht jetzt die neue Bar auf.«

»Aber war da bislang nicht so eine amerikanische Kette drin?«, frage ich.

»Ja, eben!«, grinst Suzi kampfeslustig. »Und die mussten jetzt aufgeben, vielleicht weil sie zu gelackt waren, hast du gesehen, wie steril die ganz Bude war? Die haben auch die wunderbar alten griechischen Kacheln einfach weiß übertüncht!«

Hm, stimmt, ich bin da ein paar Mal vorbeigegangen und dachte mir, kein Wunder, dass es dort so leer ist, das hat gar keinen Charme. Und auch die Jungen wollen nicht so was Steriles, sondern was Gemütliches.

»Aber warum müssen wir da ausgerechnet heute hin?«, protestierte ich noch einmal, obwohl der Espresso bereits mein Wochenendkoma empfindlich zu stören beginnt.

»Weil wir für uns Frauen kämpfen, für die ganze Generation der unsichtbar gewordenen älteren Frauen!«

Ich starre Suzi an. »Geht's vielleicht noch eine Nummer größer und ideologischer? Und mit noch weniger Erklärungen zu dem, was du eigentlich meinst?«, frage ich ironisch.

»Wenn dein Hirn wieder richtig hochgefahren ist, erkläre ich es dir!«, sagt Suzi und setzt noch einmal einen Espresso auf.

Jeden Mann würde ich für so eine Aussage schlachten. Ich weiß nicht, warum ich das bei Suzi so schicksalsergeben in Kauf nehme. Hmpf ...

Nach dem zweiten Espresso frage ich mich das aber auch nicht mehr, ich will nur noch wissen, was es mit all dem auf sich hat, was Suzi plant. Und plötzlich schießt mir die Frage aller weiblichen Fragen angesichts eines Barbesuchs in den Kopf: »Was ziehe ich an?« Was wiederum beweist, dass Suzi längst meinen Widerstand gebrochen hat, mich bereits in ihr Vorhaben reingezogen hat.

»Mach dir keine Gedanken darüber, was du anziehst!«, sagt Suzi. »Hauptsache, wir sind dort vertreten.«

»Ich lege mich jetzt sofort wieder ins Bett, wenn ich nicht auf der Stelle erfahre, welchen Plan du hast!«

»Würdest du nicht machen, du bist zu neugierig, denn jetzt hab ich dich schon angefixt«, grinst Suzi. Sie durchschaut mich, wie immer. »Aber ich verrate es dir trotzdem, weil ich dich mag.«

Grrrr! Und toll! Ich lache.

»Also, pass auf: Die ersten Tage und Abende eines Lokals entscheiden mit darüber, welches Publikum es anzieht. Klar, es gibt Werbung oder Hinweise des Lokals in den sozialen Medien – aber die Laufkundschaft und die Mundpropaganda sind viel wichtiger. Wenn Schmittchen Durchschnittstussi heute Abend mit ihrem Hund beim Gassigehen daran vorbeikommt, dann sieht sie, ob da nur U25 sitzen oder auch so Ü300 wie wir. Und wenn sie uns sieht, dann geht sie da vielleicht auch mal rein und meidet den Schuppen nicht, weil da eh nur Junge sind. Und dann haben die Frauen unserer Generation wieder eine Bar, einen öffentlichen Raum, in dem sie sich treffen können, vor allem auch, wenn es daheim brennt!«

»Klingt einleuchtend!«, antworte ich.

»Wenn wir nicht mehr ausgehen, machen wir uns unsichtbar, wir verbannen uns doch selbst aus der öffentlichen Wahrnehmung! Frauen müssen im öffentlichen Raum sichtbar sein«, führt Suzi weiter aus.

Also, das muss man erst einmal schaffen, einen Barbesuch mit feministischen Zielen zu verbinden – aber ich bin mit Suzis Argumentation einverstanden und lächle, ehe ich mich fix für ein blaues Kleid entscheide, das ... ähm ... meine Problemzonen überspielt.

Die »Bar jeder Vernunft« hat die alten griechischen Kacheln wieder freigelegt und den Raum mit stilvoll designten Lampen und Retrostühlen und -tischen zu einem schönen, gemütlichen und einladenden Lokal gemacht. Im Hintergrund läuft Musik auch den Achtzigern. Ui!

Kaum sitzen wir, unterhalten wir uns darüber, wie lange wir eigentlich schon nicht mehr in einer Bar gewesen sind. Der Wirt und der Kellner bedienen uns freundlich und spendieren uns einen Drink zur Eröffnung – kein Wunder, sonst ist hier niemand.

Eine Stunde später füllt sich aber der Laden mit Neugierigen. Youngsters im Alter meines Sohnes Lukas, aber auch Mittdreißiger nehmen vereinzelt oder in kleinen Gruppen Platz. Und schließlich setzt sich eine kleine Gruppe von Männern und Frauen unseres Alters an den Nebentisch.

»Die haben wir angelockt«, flüstert mir Suzi zu. »Ich habe genau gesehen, wie die von draußen reingesehen haben, ob das nicht nur so ein Teenie-Schuppen ist! Und wegen uns haben die sich dann reingetraut!« Am liebsten würde ich die Tischnachbarn fragen, ob das stimmt oder ob sich Suzi überschätzt. Aber das mache ich natürlich nicht.

Irgendwann, ziemlich spät, verlassen wir beschwipst die Bude, und ich büße den nächtlichen Ausflug noch mit Erschöpfungserscheinungen bis Sonntag.

Suzi meint, wir dürften da nicht lockerlassen, und so besuchen wir die »Bar jeder Vernunft« in kurzen Abständen immer wieder. Tatsächlich kommen auch immer mehr Leute unserer Generation, aber irgendwann – so O-Ton Suzi, die allmählich wie ich riesige Augenringe bekommen hat – sei »eine heroische Mission auch mal erfüllt, und frau müsse an sich selbst denken und nicht pausenlos zu wenig schlafen«. Außerdem ginge es ihr auf die Nerven, wie homogen zusammengesetzt hier die Leute seien. Nur so »Alte wie wir«, und das sei doch »langweilig«. »Jeder gute Schuppen hat eine einzigartige Mischung verschiedener Altersklassen und Milieus.«

Drei Wochen später gehen wir bei einem Abendspaziergang an der »Bar jeder Vernunft« vorbei – der Laden ist fast leer.

Eine Woche später zeigt sich das gleiche Bild – Suzi und ich gehen hinein und fragen beim Wirt nach, was denn los sei, die Bar sei doch so gut angelaufen.

Der Wirt zuckt mit den Schultern. »Die Älteren haben zwar Geld, aber die gehen dann doch nicht so oft aus«, mutmaßt er. »Und wenn die erst mal hier sind, will doch kein junger Mensch neben Leuten im Alter seiner Eltern oder Großeltern sitzen. Und wenn es erst mal leer ist, dann kommt keiner rein, weil es ja leer ist.«

Suzi und ich sagen nichts darauf. Haben wir dem Wirt das Geschäft kaputt gemacht? Das kann doch nicht sein! Da ist irgendwas anderes schiefgelaufen – vielleicht weil die Drinks jetzt nur zu normalen Preisen zu haben sind und es keine Eröffnungsangebote mehr gibt?

»Da müssen wir was tun!«, erklärt Suzi – und sie hat auch schon einen Plan, den ich auszuführen habe.

Ich gebe Lukas und Eva Bescheid – sie sollen unbedingt mal mit Freunden in die »Bar jeder Vernunft« gehen und allen Bekannten auch Bescheid geben. Und alle Freunde und Bekannte, die erwachsene Kinder haben, werden auch informiert – so ein schöner Laden müsse doch zum Laufen zu bringen sein!

Vier weitere Wochen später brummt der Laden – voll mit jungen Leuten und ab und zu Oldies dazwischen. Suzi und ich gehen seither immer wieder mal kurz rein – jetzt stimmt die Mischung. Wir geben nur ganz genau acht, dass nicht gerade meine Kinder auch da sind, denn das wäre peinlich. Bis Lukas eines Tages sagt: »Sag mal, Mom, wollen wir nicht alle zusammen mal in die ›Bar jeder Vernunft‹ gehen, oder wäre dir das peinlich mit mir?«

Alle für eine

Suzi hat bei einem großen Auftritt ihrem Chef terminlich so koordiniert gekündigt, dass ihm nichts anderes übrig blieb, als ihr noch den Rest der Fortbildung zu bezahlen, obwohl sie danach nie wieder im Büro erscheinen würde.

Suzi hat diesen Triumph ganz schön ausgekostet und beim Abgehen den nun ehemaligen Kollegen verschwörerisch zugegrinst: »Leute, ihr könnt euch gegen alles wehren!«

Lange konnte sie allerdings ihren Sieg nicht feiern. Denn die Abschlussprüfung der Fortbildung, die sie unbedingt mit Bravour bestehen will, weil die lange Schulzeit für sie noch sehr nützlich werden wird, rückt unaufhaltsam näher und näher.

Auch Suzis Suppenkücheneröffnung rückt unaufhaltsam näher und näher.

In einer Woche, nächsten Freitag, soll Suzi das Examen ablegen.

Am Tag darauf, dem Samstag, ist die feierliche Ladenlokaleröffnung geplant.

Als ich bei dieser Terminierung vor sechs Wochen meine Bedenken dazu äußerte (»Meinst du nicht, das wird zu stressig?«), fuhr mir Suzi etwas unwirsch über den Mund: »Warum soll das nicht gut gehen? Es ist alles nur eine Frage der Organisation!«

Okay, Suzi ist erwachsen. Wenn sie meint, sie schafft das, wird das wohl so sein. Und zugegebenermaßen kann das Energiebündel einfach doppelt so viel bewältigen wie ich, die ich einfach immer öfter Ruhepausen brauche. Deshalb habe ich nichts mehr gesagt, sondern sie nur im Hintergrund unterstützt. Ich habe für sie gekocht, ihre Wäsche mitgemacht und schon mal dem Maler hinterhertelefoniert, wenn Suzi gerade die Schulbank drückte.

Seit ein paar Tagen ist meine Freundin am Rotieren. Die Kommission hat kurzerhand noch einmal einen Teil des Prüfungsstoffes geändert. Der Küchenbauer für den Laden ist untergetaucht, ohne den Herd geliefert und angeschlossen zu haben. Zwei auf dem Flohmarkt erstandene Teile der Theke sind zusammengekracht. Der Gemüselieferant hat eine »völlig unvorhergesehene« Preiserhöhung zum Samstag angekündigt. Und die Telekom hat es nicht geschafft, einen Anschluss einzurichten, sodass es immer noch kein WLAN gibt. Von Kleinigkeiten wie plötzlich verschollenen Töpfen ganz abgesehen.

Suzi lernt nachts und düst morgens zum Laden. Sie hat dicke Augenringe. Gestern ist sie am Küchentisch eingeschlafen, als Christiane vorbeikam, um Suzi noch vom Pilzsuppenrezept ihrer Großmutter zu überzeugen. Christiane sammelt immer Pilze, trocknet sie und hat dann die Jahreszeiten hindurch stets einen Vorrat – den sie nun Suzi und ihrer Suppenküche zur Verfügung stellen möchte! Suzi bedankte sich müde mit einer Umarmung, lehnte sich zurück, schloss die Augen – und begann drei Minuten später zu schnarchen.

»Das ist doch alles zu viel!«, rief Christiane.

»Quatsch!«, entgegnete eine plötzlich hellwache Suzi.

»Kannst du nicht die Ladeneröffnung verschieben? Deine Gesundheit …«

»Nein!«, antwortet Suzi fast mürrisch. »Der Businessplan ist genau auf das Datum festgelegt. Die Flyer sind schon gedruckt. Und auch alle Einladungen sind längst raus. Wenn ich diesen Termin nicht halten kann, krieg ich nie wieder einen Kredit und die Existenzgründerhilfe. Dann sind mein Plan und mein ganzes Leben ruiniert!«

Christiane und ich sehen uns vielsagend an und sprechen fast gleichzeitig aus: »Dann lass dir helfen, von uns!«

»Tu ich ja schon, aber so viele Dinge kann nur ich alleine entscheiden und stemmen.«

Okay. Suzi ist stur. Okay, Suzi ist erwachsen. Und vielleicht gibt es da wirklich keine andere Möglichkeit als: Augen zu und durch.

Am nächsten Morgen sieht Suzi nicht nur müde aus, sondern auch leichenblass. Sie taumelt aus ihrem Zimmer, rennt zur Toilette und übergibt sich. Mehrmals. Bis sie sich auf den Boden fallen lässt und dort zusammengekauert sitzen bleibt.

»Mir ist hundeelend!«, sagt sie, als ich zur ihr komme.

»Das sehe ich!«, antworte ich. »Das ist einfach alles entschieden zu viel.«

Kalter Schweiß rinnt ihr von der Stirn. Das kann nicht nur der Stress sein. Kalter Schweiß ist ein ungutes Zeichen. Da stimmt etwas gewaltig nicht.

»Du musst zu einem Arzt!«, sage ich.

»Wie soll ich da hinkommen?«, fragt meine Freundin mit leiser Stimme.

Sie widerspricht nicht mehr. Sie ist zu schwach. Zu schwach, um überhaupt noch einen Weg gehen zu können.

»Ich ruf den Notarzt!«, überlege ich laut.

»Die Pilze!«, ruft Suzi plötzlich.

Um Gottes willen. Ja, das könnte eine Pilzvergiftung sein! Ich eile zum Handy, rufe bei Christiane an – deren Mann Klaus praktischerweise Arzt ist.

Christiane schwört, dass in der Suppe keine Pilze waren, eilt zu ihrem Mann in die Praxis – und empfiehlt als Ferndiagnose, sofort einen Notarzt zu rufen. Super Idee, auf die ich nie gekommen wäre ... aber gut, ich handle jetzt schnell.

Bis der Notarzt kommt, stößt Suzi noch unter größten Schmerzen heraus, was heute dringend zu tun ist – die To-do-Liste und die Unterlagen fände ich auf ihrem Schreibtisch. Ich sichere ihr zu, mich um alles zu kümmern.

»Und nach dem Magenauspumpen oder was immer die machen bin ich dann ja morgen bestimmt wieder da!«, erklärt Suzi, während sie Sanitäter stützen und zum Krankenwagen bringen.

Zwei Stunden später ruft Suzi an: Sie komme jetzt dann gleich heim, die Ärzte hätten nichts gefunden, und die Schmerzen hätten urplötzlich wieder aufgehört. Es gehe ihr blendend.

Eine Stunde später ist Suzi wieder da mit der Bemerkung: »War wohl doch der Stress. Aber jetzt ziehe ich das erst recht durch!«

Ich sage nichts dazu und mache mich auf den Weg ins Büro. Es ist zwar ein wenig peinlich, wegen eines Notfalls abgesagt zu haben und dann doch zu erscheinen, aber ich kann die Kollegen heute nicht hängen lassen, wenn ich doch wieder Luft habe.

Zwei Stunden später setzt Suzi eine Sprachnachricht ab: »Notarzt war da. Bin auf dem Weg ins Krankenhaus. Doch wieder ...« Und Suzis Stimme versagt vor Schmerzen.

Ich fluche fast – die Kollegen schicken mich heim mit der Bemerkung: »Kümmere dich um deine Freundin.« Dass sie kein Kindermädchen braucht, sondern Hilfe bei der Ladeneröffnung, verschweige ich. Mich beruhigt nur der Gedanke, dass ich jüngeren Kolleginnen auch schon Arbeit abgenommen habe, nicht nur wenn die Kinder krank waren, sondern wenn ein Kleines Rotz und Wasser heulte, weil der Stoffhase verloren gegangen war und sie diesen über Stunden suchen mussten. Außerdem haben jetzt Gefühle keinen Platz – jetzt gilt es einfach, meiner Freundin zu helfen.

Ich checke Suzis Schreibtisch erneut – und versuche abzuarbeiten, was geht. Aber das alles geht verdammt langsam. Erst der siebte Elektriker, den ich anrufe, kann morgen kommen, um den gebrauchten Herd anzuschließen. Und wer um Himmels willen ist für kaputte Theken zuständig? Kann ich mit dem Gemüsehändler noch mal verhandeln?

Abends bringe ich Suzi eine Tasche mit dem Nötigsten wie Nachthemd und Zahnbürste ins Krankenhaus. Sie liegt in einem Bett und grinst glückselig. »Schön ist das hier!«, ruft sie. Was ist denn jetzt passiert? Eine Pflegerin nimmt mich zur Seite: »Wir haben ihr Morphium gegeben. Vermutlich ein Stein, eine Kolik. Die Schmerzen sind höllisch.« Dazu erklärt die Pflegerin, dass sie erst einmal versuchen wollen, den Stein aufzulösen und rauszuspülen. Dann würde entschieden, ob er nicht doch anders geholt werden muss, also operiert werden muss. Ich solle mir keine Sorgen machen. Alles Routine heutzutage.

Fest steht jetzt jedenfalls: Suzi wird da länger bleiben. Für die Prüfung hat sie ein Attest. Aber zu Ladeneröffnungen gibt es meines Wissens nach noch keine Krankschreibungen.

»Scheiß drauf!«, sagt Suzi, als hätte sie meine Gedanken erraten. »Dann wird's halt nix!«, erklärt sie fast lallend. Ihre Augen sind glasig, das Grinsen in ihrem Gesicht ganz komisch und der Ausdruck »high« – ja klar, sie ist gerade unter legalen Drogen!

Nein, Suzi ist gerade nicht geschäftsfähig. Was sie jetzt von sich gibt, kann sie morgen schon fürchterlich bereuen. Da muss ich jetzt für sie entscheiden.

Gedacht, gesagt, getan: Ich nehme eine Woche Urlaub, rufe alle unsere Freunde und Bekannten an, klingle bei Voss und »aktiviere« jeden Kontakt, der mir einfällt. Jeder muss jetzt nach Kräften helfen. Wenn Suzi nicht kann, dann eröffnen wir für sie den Laden! Wir stehen alle zusammen für sie und ihren Lebenstraum ein. Vieles wird zwar improvisiert sein, aber Hauptsache, der Laden läuft erst mal an. Und wir werden ihr nichts sagen, damit sie ohne Aufregung und in Ruhe gesund werden kann.

Voss und seine Jungs bauen die Theke neu zusammen und kaufen Getränke ein. Christiane besorgt einen viel besseren Gemüselieferanten aus ihrem Ort und trommelt zwei Freundinnen zusammen, mit denen sie zur Eröffnung kochen wird. Robert und Michael, unsere neuen Freunde vom See, besorgen das noch fehlende Geschirr (traumhaft und günstig), Gläser, Besteck und noch Töpfe. Mein Sohn Lukas streicht die restlichen zwei Wände, Kikki marmoriert sie, und Frau Voss stellt drei schöne Blumentöpfe vor den Eingang. Und ich koordiniere die ganze Truppe. Wir kommen gut voran! Das wird! Und vor allem: Alle versprechen, dichtzuhalten, um die Überraschung für Suzi perfekt zu machen.

Suzi geht es so schlecht, dass sie nicht mal telefonieren will. Sie wird schließlich erfolgreich operiert, und ich bespreche mit dem Arzt unseren Geheimplan – ja, wir dürfen Suzi zur Ladeneröffnung für einen Nachmittag entführen, entlassen kann er sie erst am Montag darauf, aber dieser »Ausflug« wäre drin.

Letzte Dekos in Form von Obst-Filzgirlanden und Poster von Gemüse werden aufgehängt: »Welcome Suzi!« Alle freuen sich über das Improvisationstalent und wie weit wir es doch gebracht haben. Es duftet nach Suppen und Säften und Kaffee im hellen und freundlichen Raum. Ich hole Suzi am Samstagmittag aus der Klinik ab.

»Wo fahren wir denn hin?«, fragt sie.

»Überraschung!«, entgegne ich und bin richtig aufgeregt.

Suzi sitzt ganz entspannt auf dem Beifahrersitz. »Du, der Laden ...«, fängt sie nachdenklich an.

»Mach dir jetzt mal keine Sorgen!«, erkläre ich. »Werd erst mal noch gesund, es findet sich für alles eine Lösung!«

»Ich hab alles einfach laufen lassen und keinen Handwerker mehr zurückgerufen.«

»Wie denn auch, du bist schwer krank gewesen!«

»Das ist jetzt einfach Schicksal«, meint Suzi und verdrückt ein Tränchen. »Kannste nix machen! Das war es dann!« Suzi sucht sich wieder zu fangen. »Aber wenigstens hab ich schon eine Lösung für die Schulden.«

Daran hatte ich gar nicht mehr gedacht – Suzi hatte ja einen Kredit aufgenommen.

»Ich hab so eine nette Zimmernachbarin, deren Sohn ist da dran interessiert. Würde den Laden übernehmen und für irgend so eine amerikanische Kette flottmachen.«

»Wie schade!«, höre ich mich sagen.

»Wie gut!«, korrigiert mich Suzi. »So kann ich wenigstens ruhig meine Restlaufzeit verbringen.«

Wieder läuft Suzi eine Träne die Wange hinunter.

»Was meinst du?«, frage ich sie.

»Na ja, ich bleibe doch beim Architekten. Der Chef wär einverstanden, hab ihn schon gefragt. Er nimmt die Kündigung zurück, und ich hole die Prüfung nach.«

Soll ich jetzt anhalten und ihr schon die Wahrheit sagen? Nein, wir sind gleich da.

Ich fahre schnell weiter zum Laden. Als Suzi vor der Eingangstüre sieht, was da los ist, und sich alles zusammenreimen kann, bricht sie in Tränen aus und fällt erst mir, dann den anderen um den Hals. Sie betritt staunend das Lokal, plaudert fröhlich mit den Gästen und erklärt, es gäbe kein böses Schicksal,

nur ein gutes Karma. Nie, nie, nie hätte sie daran gezweifelt …
Ich schweige dazu und freue mich einfach mit.

Die Kündigung reicht sie noch mal ein und erklärt dem Chef, in der Klinik sei sie noch unter Drogen gestanden und deshalb nicht ganz zurechnungsfähig gewesen.

Ein paar Tage später kreuzt die Lottermeier, die Miesepetertante vom Nebengebäude, im Laden auf, um ihn zu inspizieren. Wie erwartet macht sie natürlich alles madig. »Das muss man schon mögen«, äußert sie schließlich mit abfälligem Blick auf die Speisen und die Einrichtung.

Suzi bietet ihr zuckersüß und freundlich einen kostenlosen Teller Suppe an mit der Bemerkung: »Wer uns nicht mag, kann uns gernhaben.«